COMO ORGANIZAR UMA BIBLIOTECA

ROBERTO CALASSO

Como organizar uma biblioteca

Tradução
Patricia Peterle

1ª reimpressão

COMPANHIA DAS LETRAS

Copyright © 2020 Adelphi Edizioni S.p.A. Milano

Grafia atualizada segundo o Acordo Ortográfico da Língua Portuguesa de 1990,
que entrou em vigor no Brasil em 2009.

Os poemas de Charles Baudelaire citados neste livro foram retirados
da obra *As flores do mal* (Trad.: Júlio Castañon Guimarães.
São Paulo: Penguin-Companhia das Letras, 2019).

Título original
Come ordinare una biblioteca

Capa
Ale Kalko

Preparação
Guilherme Bonvicini

Revisão
Marina Nogueira
Paula Queiroz

Dados Internacionais de Catalogação na Publicação (CIP)
(Câmara Brasileira do Livro, SP, Brasil)

Calasso, Roberto
    Como organizar uma biblioteca / Roberto Calasso ; tradução
Patricia Peterle. — 1ª ed. — São Paulo : Companhia das Letras, 2023.

    Título original: Come ordinare una biblioteca.
    ISBN 978-65-5921-392-4

    1. Bibliotecas 2. Bibliotecas – Administração 3. Livros e leitura
4. Periódicos I. Título.

22-133415   CDD-025.1

Índice para catálogo sistemático:
1. Bibliotecas : Organização : Biblioteconomia 025.1

Cibele Maria Dias – Bibliotecária – CRB-8/9427

Todos os direitos desta edição reservados à
EDITORA SCHWARCZ S.A.
Rua Bandeira Paulista, 702, cj. 32
04532-002 — São Paulo — SP
Telefone: (11) 3707-3500
www.companhiadasletras.com.br
www.blogdacompanhia.com.br
facebook.com/companhiadasletras
instagram.com/companhiadasletras
twitter.com/cialetras

Sumário

I. Como organizar uma biblioteca 9

II. Os anos das revistas. 67

III. Nascimento da resenha 111

IV. Como organizar uma livraria 117

Nota 135

Sobre o autor 137

COMO ORGANIZAR UMA BIBLIOTECA

I

COMO ORGANIZAR
UMA BIBLIOTECA

Como organizar a própria biblioteca é um tema altamente metafísico. Sempre me admirou o fato de Kant não ter dedicado a esse tema um pequeno tratado. De fato, poderia oferecer uma boa oportunidade para indagar uma questão capital: o que é a ordem. Uma ordem perfeita é impossível, simplesmente porque existe a entropia. Mas não se vive sem ordem. Com os livros, como também para as outras coisas, é preciso encontrar uma via entre essas duas frases.

A melhor ordem, para os livros, só pode ser plural, pelo menos tanto quanto a pessoa que usa os livros. Não só isso, mas deve ser ao mesmo tempo sincrônica e diacrônica: geológica (por camadas sucessivas), histórica (por fases, caprichos), funcional (ligada ao uso cotidiano num determinado momento), maquinal (alfabética, linguística, temática). É claro que a justaposição desses critérios tende a criar uma ordem esburacada, muito próxima do caos. E isso pode suscitar, dependendo dos momentos, alívio ou desconforto. A regra áurea permanece a do *bom vizinho*, formulada e aplicada por Aby Warburg, segundo a qual, na biblioteca perfeita, quando se vai em busca de um livro, acaba-se pegando um que está ao seu lado e que se revela ainda mais útil do que aquele que procurávamos. Experimentei pessoalmente a exatidão dessa regra quando estava em Londres, por volta da metade dos anos 1960, para escrever a minha tese sobre os *Hieróglifos de Sir Thomas Browne*. Nessa época, dividia os dias entre o British Museum (ainda na admirável Sala Panizzi, hoje destruída) e o Warburg Institute, cerca de dez minutos distantes um do outro. E no Warburg, onde cada leitor vai pegar os livros que lhe servem, não poucas vezes me deparei com a descoberta desses *bons vizinhos*.

Se houve alguém que, no século xx, sentiu como essencial e também obsessiva a questão da ordem dos livros, essa pessoa foi Aby Warburg. Já na magnífica sala elíptica da Kulturwissenschaftliche Bibliothek Warburg de Hamburgo, inaugurada em 1926, quando a biblioteca ainda era uma instituição particular, a ordem dos livros seguia um critério inusitado, cuja fórmula pode ser aforisticamente definida como uma tentativa de reproduzir em um lugar a trama do pensamento do próprio Warburg. É ele quem, numa carta às autoridades de Hamburgo defendendo a permanência de Ernst Cassirer na cidade, formulou de forma magistral, e sempre com seu peculiar estilo, o caráter da biblioteca, que devia ser "um novo e único lugar psíquico, no qual as aspirações de Cassirer e da Universidade de Hamburgo têm uma função comum: conceber e mostrar as formações de imagens e a organização conceitual no sentido psicológico-histórico como a oscilação intrinsecamente unitária entre os dois polos". Só Aby Warburg podia se expressar assim num documento oficial.

Cassirer, com certeza, logo captou o que significava aquela biblioteca como "lugar psíquico" — e isso foi testemunhado por sua esposa Toni: "Depois da primeira visita [à biblioteca] Ernst voltou para casa num estado de excitação incomum para ele e me contou que essa biblioteca era algo de único e grandioso, e o doutor Saxl, que lhe havia mostrado, dava a impressão de ser um homem extremamente estranho e original". Cassirer também havia contado como, "depois de ter sido guiado por entre as infinitas estantes, disse-lhe que não retornaria mais, porque certamente se perderia naquele labirinto". Obviamente o contrário aconteceu, e Cassirer se tornou, com Erwin Panofsky e Edgar Wind, não só um dos principais frequentadores, mas também um dos primeiros autores das publicações do Instituto.

A partir de um determinado ano, fiz com que quase todos os livros que estão à minha volta fossem recobertos com aquela espécie de papel de seda que se chama *pergaminho* e ainda hoje é usada pelos livreiros antiquários na França, onde a maior parte dos livros é em brochura e a utilidade do pergaminho é mais evidente (nos países anglo-saxões usa-se, ao contrário, sobrecapa de plástico).

Algumas vezes me perguntaram por que faço isso. O motivo oficial é que o pergaminho protege a capa do envelhecimento. Mas este não é o ponto decisivo, que, ao contrário, é difícil de se confessar: o pergaminho serve para complicar a vida com os livros. A sua verdadeira função é deixar menos legível — ou até nada legível — o que está escrito nas lombadas. O pergaminho faz com que sejam muito menos reconhecíveis. E isso alivia quem vive no meio deles — e não quer ser obrigado a perceber a qualquer momento a presença iminente de um determinado livro; preferindo achá-lo quase pelo tato, delicadamente mumificado.

E há mais um motivo, ainda menos confessável. O pergaminho deixa muito mais difícil, para um ocasional visitante, identificar os títulos dos livros. E isso freia qualquer excesso de intimidade. Impede aquela situação constrangedora em que, entrando num cômodo, se reconhece rapidamente, mesmo só pela cor e pela estética das lombadas, do que é feita a paisagem mental do dono da casa. Nada mais desolador do que algumas entrevistas de televisão com políticos e sindicalistas italianos, gravadas em seus escritórios. Atrás da pessoa que fala é possível entrever duas ou três prateleiras e se entende logo que ali não tem um único livro. São anais de congresso, relatórios, publicações ofertadas, catálogos, anuários, talvez ainda alguma poesia de um parente. Nada destinado a ser lido. Com razão.

O conceito de coleção pertence às altas especulações editoriais — e enquanto tal é ignorado por muitos editores, sobretudo na Inglaterra e nos Estados Unidos, da mesma forma que alguns filósofos acreditam que a graça seja uma questão que não lhes compete. O resultado é que as editoras tendem a se tornar sequências de *one-shot*, ou seja, de livros que têm em comum unicamente o aspecto, dado pelo estilo reconhecível de cada *art director*. Frequentemente, a identificação do editor não aparece nem na capa do livro. Apenas na lombada encontram-se ao menos suas iniciais e a marca. Beata discrição. Contudo, em alguns dos maiores países do mercado editorial, como a Alemanha ou a França, o conceito de coleção ainda subsiste. E, na Itália, floresceu com exuberância sobretudo nos primeiros trinta anos depois da guerra. Quando, naquela época já remota, entrava-se em algumas casas onde nas estantes saltava aos olhos uma compacta agregação de lombadas vermelhas, logo se percebia que se tratava dos Saggi Einaudi. E se concluía, sem esforço, que os moradores da casa pertenciam à esquerda iluminada — ou pelo menos a uma esquerda mais iluminada do que outras (por exemplo, francesas ou alemãs). Aquela esquerda iluminada também era limitada, provida de potentes antolhos, incapaz de reconhecer sua própria sujeição ao sovietismo. Porém, ao mesmo tempo, sentia ainda a exigência de manter, na forma e nos temas dos livros, certo *nível*. Era uma aristocracia da esquerda, o oposto, portanto, daquilo que infelizmente a esquerda se tornou em seguida.

Pode-se, então, entender por que aqueles livros ficavam juntos nas estantes. Não somente porque seu dono se lembrava de que haviam saído na mesma coleção — e assim os achava mais facilmente —, mas porque aquela agregação vermelha tinha um sentido e um estilo. Se, ao contrário, naqueles mesmos anos, se encontravam numa biblioteca concentrações de livros da coleção La Cultura, que Giacomo Debenedetti havia iniciado com Il Saggiatore, o significado aparecia um pouco, mas nitidamente, diferente. O acabamento e o efeito visual eram menos felizes, mas a agregação daqueles livros testemunhava em quem os comprara certa impaciência diante da ortodoxia einaudiana e uma atração pelas palavras inusitadas e fascinantes como "fenomenologia", "estruturalismo", "linguística" (até mesmo "antropologia" ressoava como uma palavra recente). Lembro de alguns meses em que teria se falado que tudo girava ao redor do nome de Edmund Husserl. Hoje isso pode até parecer cômico e ingênuo, mas caracterizava um momento particularmente feliz do mercado editorial italiano. No que diz respeito à ortodoxia einaudiana, cabe acrescentar que se tratava de uma ortodoxia perenemente apaixonada pela heterodoxia. Se — ficando nos Saggi — a ortodoxia era Lukács, a glória da coleção foi ter publicado a primeira tradução no mundo de *Minima moralia*, com um denso prefácio de Renato Solmi. É verdade que, como Adorno depois se deu conta, foram retiradas do livro todas as referências à União Soviética, mas os méritos do feito superavam em muito a desajeitada censura. E o livro aparecera — detalhe não irrelevante — na *coleção* certa.

É confortante ver num mesmo ambiente certo número de prateleiras ocupadas pela Loeb Classical Library e pela Belles Lettres ou pela Lorenzo Valla. Esses livros devem estar juntos porque quem se interessa por um clássico grego ou latino é um potencial leitor de todos os outros, assim como quem possui um volume da Patrologia de Migne (ou, mais plausivelmente, da Sources Chrétiennes) logo passará para alguns outros. A mesma coisa vale para os Sacred Books of the East, com suas lombadas de cor marrom-escura na reimpressão indiana da Motilal Banarsidass, que remete ao momento em que a Oxford University Press deixou de reimprimir aquele grande feito de seu catálogo histórico.

Tudo isso, que parece óbvio para as coleções dos clássicos, é também o fundamento de qualquer outra — mesmo excêntrica — coleção. Pode-se dizer que faz sentido uma coleção existir se quem comprou um de seus títulos é também um potencial leitor de todos os demais. Isso pode ser aplicado a um número de casos bem limitado. Pode valer para a Bibliothek Suhrkamp ou para a Biblioteca Adelphi, mas já não seria tão natural para Du Monde Entier, da Gallimard, nobre coleção de narrativa estrangeira em que, porém, as variações de qualidade e de interesse entre um título e outro são demasiadamente fortes para que se possa conjecturar um feliz leitor de todos. De qualquer forma, toda coleção que tem um perfil nítido pode atrair todos os livros que a compõem num enclave que mantém seu sentido no curso dos anos, podendo até aumentá-lo. O caso mais eloquente é Der Jüngste Tag, a coleção de Kurt Wolff em que apareceram livros de estreantes ou quase estreantes que podiam se chamar Franz Kafka ou Robert Walser ou Gottfried Benn ou ainda Georg Trakl. Depois de mais de um século, aqueles livros pretos, finos, com etiquetas que lembram cadernos escolares, exigem ainda *estarem juntos*, para quem os consegue encontrar.

O livro, como a colher, pertence àqueles objetos que são inventados de uma vez por todas — em tempos muito antigos ou até mesmo recentes. Passíveis de inúmeras variações, mas dentro de um mesmo gesto: pegar uma pequena quantidade de líquido, para a colher; ler um texto, mesmo longo, segurando-o nas mãos, folheando-o e deslocando com facilidade a atenção por seu interior. O rolo era uma aproximação claramente insuficiente, desconfortável. Assim, ao longo do século IV d.C., deu-se a passagem do rolo ao códex, que foi de fato o primeiro livro, onze séculos antes de Gutenberg. Passagem realizada sobretudo em ambientes cristãos e jurídicos. Em relação à colher, era uma das principais "ferramentas", *sambhārāh*, prescritas para a liturgia védica, usadas então mais de um milênio antes da Idade Moderna. Desde o início separado em *sruva* (masculino, semelhante à concha) e *sruc* (feminino, usado para "aquela libação que é a raiz do sacrifício"). Sutis e ramificadas são as considerações relativas ao uso e ao significado dessas duas colheres nos Brāhmaṇa. Todos os discursos sobre uma eventual superação do livro com outros meios ignoram um fato elementar: nosso repertório de gestos é muito limitado. E os objetos são tentativas mais ou menos felizes de se adaptar às características inevitáveis desses gestos. Para quem desejar se deitar sobre algo menos duro do que o chão, uma cama será de serventia. Mesmo sendo altamente variável nas formas, como as colheres, como os livros.

Adolf Loos escreveu o magnífico apólogo do *pobre rico*, que não se permite usar as próprias pantufas para não perturbar a perfeição de seu apartamento, tal como foi concebido pelo sumo decorador. Mas já não são as pantufas que estragam o idílio do *pobre rico*. Muito mais frequentemente são os livros. Cada peça da decoração pode ter proveniências impecáveis e os quadros nas paredes podem também impressionar, mas uma molesta casualidade reina quando se passa para o papel impresso. Com a exceção de algum *coffee-table book*, um zelante secretário deve ter sido encarregado um dia de deixar em evidência, nas mesinhas da sala de estar e nos quartos dos hóspedes, os livros *dos quais se fala*. Que em geral não são os melhores. E, sobretudo, dão a impressão, para quem os lê, de que a leitura é uma atividade esporádica — e não contínua, como a respiração. Essa é a distinção. O leitor verdadeiro está sempre lendo um livro — ou dois ou três ou dez —, e a novidade chega como um incômodo — às vezes irritante, às vezes bem-vindo, às vezes também desejado — no interior daquela atividade ininterrupta. Em que, com algum esforço, deverá conquistar seu espaço, caso não caia antes das mãos do leitor. O qual, então, voltará feliz para aquele outro livro que estava lendo porque havia tempos tinha o desejo de voltar.

* * *

Todo verdadeiro leitor segue um fio (não importa que sejam cem ou um único fio). Toda vez que abre um livro, retoma nas mãos aquele fio e o complica, enrola, desenrola, dá nós, alonga. "Cada linha lida está no lucro", como disse o chinês, segundo Hofmannsthal, enquanto estava na fila de espera da execução capital, durante a revolta dos Boxers. O enovelar-se das leituras no mesmo cérebro é uma versão impalpável daquelas redes neuronais que deixam os cientistas desesperados. No caso de *C. elegans*, um verme transparente de um milímetro de comprimento e provido de 302 neurônios, foi necessário o denso trabalho, durante quase doze anos, de uma equipe coordenada por Sydney Brenner, para mapear em um diagrama as suas conexões.

O verdadeiro leitor se reconhece pelo fato de sentir em si ao menos uma minúscula fração do jovem Pierre Bayle, tal como o descreve Sainte-Beuve: "Línguas, filosofia, história, antiguidade, geografia, livros galantes, se lança em tudo, na medida que essas matérias diversas lhe são oferecidas: 'Qualquer que seja o motivo, é certo que nenhum amante volúvel trocou de amantes assim tão frequentemente como eu troco de livros'". Estas últimas palavras estão em uma carta de Bayle ao irmão, por volta de seus 25 anos. Um dia aquelas amantes teriam desfilado no gigantesco *Dictionnaire historique et critique.*

Inevitável em algumas zonas, a ordem alfabética se tornaria letal se aplicada em todas. De alguns livros — sobre cogumelos, sobre plantas na Cornualha, sobre famosas partidas de xadrez e tantos outros casos — o assunto é lembrado, mas, frequentemente, o autor é esquecido. Inseri-los numa ordem alfabética geral equivaleria a perdê-los de vista. Melhor formar pequenos atóis de assuntos afins, aos quais esses livros vão aderir, como conchas na rocha. Existem os *atomes crochus* também entre os assuntos. A questão é somente descobri-los.

É o momento de dizer algumas palavras em defesa do *ler selvagem*. E contra aqueles muitos que colocam como um ponto de honra ler somente de um certo nível (altíssimo) em diante. Muito entediante estirpe. Lembro de Bazlen que dizia o quanto tinha aprendido com aqueles que chamava de "livrecos". Para ele eram um fato vital. Vivia em Roma, na rua Margutta, e da sua casa até a praça Fontanella Borghese, com suas esparsas bancas, era um passeio de poucos minutos. Ali me disse ter feito muitas descobertas. De resto, quando obrigou Montale a ler Svevo, tratava-se de um escritor que publicava às próprias custas. E são estes os primeiros livros que acabam nas bancas.

Os livrecos se distribuem de forma équa entre todos os gêneros: ocultismo, romances, arqueologia, especialmente egípcia, pornografia, parapsicologia, memorialística, tarô, policiais. Mas é inútil aumentar a lista: nenhum gênero se nega, em princípio, ao livreco. E todos os livrecos, em princípio, são raridades. Dificilmente serão encontrados em catálogos de antiguidades, mesmo daqueles que vendem a preços mínimos. Quando muito, poderão aparecer em outras bancas. Em Fontanella Borghese, elas eram complexamente mais atraentes em relação às outras, muitas vezes misérrimas, que se encontravam em outras cidades italianas. E isso por mérito das ordens religiosas, das embaixadas, dos institutos estrangeiros, sobretudo dos de arqueologia e história da arte — e pelo fato de todos os caminhos acabarem em Roma. E também muitas bibliotecas. Onde todo recém-chegado, com certa crueza e indiferença, é colocado no mesmo plano, como em um soneto de Belli ou no balcão de um açougueiro. Todos são peregrinos.

Por isso, na praça Fontanella Borghese, os livrecos estavam felizmente ao lado de volumes de bibliotecas de ilustres estudiosos mortos em solidão ou rodeados de herdeiros não compreensivos. E, seja como for, em Roma não podia proliferar a meticulosidade e a petulância dos *bouquinistes* à beira do Sena.

Lembro dos fundos de uma loja de um vendedor de livros usados daquela região, na rua della Scrofa. Um dia, visto que eu insistia, deixou-me acessar um corredor sufocante e com pouca luz, onde mantinha os livros que considerava invendáveis, porque estavam em alemão. Foi ali que apareceu nas minhas mãos um extrato de 1908 da revista *Sexual-Probleme*. Autor: Prof. Dr. Sigm. Freud (Wien). Título: *Über infantile Sexualtheorien* [Sobre as teorias sexuais infantis] (é o ensaio que antecede de poucos meses o caso do pequeno Hans). Acima do título, a dedicatória a caneta: "Ao seu caro Prof. Em. Loewy. Freud". (Em. Loewy era Emanuel Löwy, velho amigo e coetâneo de Freud, professor de arqueologia em Viena e em Roma. Pelo seu aniversário de oitenta anos, Freud recebeu de presente de Löwy uma gravura de Dürer. Não sabia como retribuir e escreveu isso para o filho Martin: "Não tenho nada além de *Gesammelte Schriften*, apesar de ele mal poder ler com seus fracos olhos...").

Acredito que o livreiro não tenha nem mesmo me feito pagar por aquele extrato, colocando-o junto, por poucas liras, com o livro que estava do lado: Wilhelm Fliess, *Der Ablauf des Lebens* [O curso da vida], em sua primeira e única edição de 1906. Dois alemães a menos, deve ter pensado. Naquele canto escuro, Freud continuava ao lado do mais amado de seus inimigos.

Os livreiros também podem salvar. Quando o Warburg Institute se viu diante do risco de não sobreviver, em 1944, a Universidade de Londres deu início a uma pesquisa para comparar o catálogo do Instituto com o do British Museum, e o resultado foi que cerca de trinta por cento dos títulos do Instituto não existiam no British Museum. Isso foi um dos principais argumentos para a decisão de incorporar o Warburg à Universidade de Londres, garantindo assim sua existência. Os livros que faltavam no British Museum eram em sua maioria livrecos, aquelas publicações de astrologia, ocultismo e outra duvidosa origem que o próprio Warburg tinha constantemente coletado, desde o início.

A primeira edição de um livro é parte não secundária de uma obra. E é uma ajuda para entendê-la. Ajuda física, tátil, acima de tudo, visual. Insubstituível por outra coisa. O bibliófilo que nem sequer ousa cortar as páginas de uma primeira edição para não lesar sua integridade é o contrário do verdadeiro leitor. O fetichismo, para ser saudável, implica o uso, o contato. Como escreveu Kraus, "sob o sol não há ser mais infeliz do que o fetichista que almeja um sapato de mulher e tem de se contentar com uma mulher inteira".

A rigor, seria bom ler tudo nas primeiras edições. Não por serem mais raras e mais preciosas. Mas porque são o resultado de uma combinação de elementos — impostos ao autor ou sugeridos pelo autor ou simplesmente que aconteceram com o autor — que se tornam parte da obra, como a estampagem do tempo em suas páginas. Não é pouca coisa. Acredito que ninguém, lendo o primeiro livro de Kafka, *Betrachtung* [Contemplação], saiba imaginar como aparecia na primeira edição de Kurt Wolff: formato muito alto (24,5 cm × 16,5 cm), margens largas, corpo 16, totalmente incomum. E isso para um anômalo, breve livro de um estreante que continha quatro fragmentos de uma obra em andamento (*Descrição de uma batalha*), destinada a nunca ser concluída. A tiragem era de oitocentas cópias, das quais cerca de trezentas já haviam sido vendidas um ano depois. Kafka observou que, numa conhecida livraria de Praga, André, haviam sido vendidas onze cópias. E, como dez tinham sido compradas por ele mesmo, restava descobrir quem tinha comprado a de número onze. Tudo isso inevitavelmente escaparia de quem hoje fosse ler *Betrachtung* em uma das muitas coletâneas de contos de Kafka.

Um bom exemplo de obra que só pode ser entendida quando lida na primeira edição (ou em uma edição correspondente à primeira concepção do autor) é o *Dictionnaire historique et critique* [Dicionário histórico e crítico], de Pierre Bayle, considerado por Sainte-Beuve o fundador do "gênio crítico, em tudo o que há de móvel, livre e diferente" (e também, segundo ele, fundador do "jornalista", ascendência agora ignorada ou não reconhecida). Primeiramente, deve ser considerado o aspecto físico da obra: quatro volumes in-fólio, um total de 3263 páginas na edição de Amsterdam, de 1730. Vamos abrir o *Dictionnaire* em um ponto qualquer: a página contém três estratos, de pesos muito diferentes. Cada uma das vozes do dicionário pode ocupar poucas linhas (mesmo só duas) e se intui que não são o essencial. As notas, ao contrário, em duas colunas e em corpo menor, ocupam grande parte da página e se comportam como uma patrulha de incursores cujo objetivo é invadir a totalidade de um território que é a própria página. Enfim, nas margens, podem ser lidas as referências bibliográficas. Logo nos damos conta de que a essência do *Dictionnaire*, suas pontas maliciosas, seus riscos e seus motivos secretos encontram-se todos nas notas. E *aquele* modo tipográfico de se oferecer redobra sua insolência e audácia, se pensarmos que a obra pertence à época em que valia a máxima *larvatus prodeo* [avanço mascarado]. Escondendo-se nas notas, Bayle as expandia sem limite e convidava o leitor a segui-lo naquele emaranhado, deixando de lado o texto de cada uma das vozes, como se fosse pura fachada. Para Sainte-Beuve, o *Dictionnaire* era semelhante ao burrinho das feiras "que desparece sob a multidão dos brinquedos e as muitas mercadorias expostas permanentemente para os transeuntes: aquele burrinho é o texto".

Tudo isso, que é o ponto decisivo para entender Bayle, se perde ao se ler o *Dictionnaire* num normal formato atual, o oitavo, em que as notas ocupam páginas e páginas, mas se torna impossível captar a relação visual entre cada uma das vozes, remissões a outros livros e notas. E nesta relação está "o veneno do argumento".

Nem sempre os *bons vizinhos* estão juntos por motivos de afinidade. Às vezes se encontram porque foram expulsos de todos os outros lugares. São os livros fora de medida que as prateleiras normais não conseguem hospedar e, não raro, acabam nas zonas menos alcançáveis, como apólidas em uma sala de espera. Cada um é um caso a parte — e poderia motivar seu anômalo formato. Todos estão à espera de um passe que lhe permita acessar aquilo que é o *desideratum* de todo livro: ser usado.

Existem ainda casos-limite: na mesma prateleira, entronados sobre os in-fólio, vejo dois volumes: *Upanishads des Veda*, tradução de Paul Deussen das primeiras *upanixades*, gráfica de Peter Behrens, Eugen Diederichs, 1914, e *Assim falou Zaratustra*, de Nietzsche, na edição desenhada por Henry van de Velde, Insel, 1908. Duas edições inconcebíveis hoje, até mesmo pelo tipo de papel usado, magnífico. Bem como pela audácia da gráfica. É como se na Alemanha, entre 1900 e 1914 — e não 1915 — se tivesse tentado algo de extremo, já sabendo que não poderia mais se repetir. E, nesse caso, para textos que por muitas razões podem ou devem estar um ao lado do outro.

Conheço um hábil homem de negócios, em Nova York, que coleciona somente livros ingleses do século XVII. Qualquer obra, mesmo de máxima relevância, que tenha aparecido em 1598 ou em 1702 fica fora de seus interesses. Os livros estão todos num cômodo com prateleiras relativamente baixas nos quatro lados. Todos acessíveis, sem necessidade de subir em uma escada. No meio do cômodo, duas poltronas de couro e uma mesinha de apoio. É um lugar onde se respira a incongruidade e a maravilha do colecionar. Incongruidade no arbítrio de quem estabelece limites, lá onde os limites naturais não se veem. Maravilha pelo sentido de fechamento e proteção que oferece o que está circunscrito. E há uma aquisição do conhecimento naquele arbítrio. Mesmo se disparatados em seus temas, aqueles livros comunicam algo que é essencial e impalpável: o tempo. Se um livro de jardinagem, um manual de pesca, um opúsculo teológico e uma coletânea de poemas estão ali juntos, suas páginas parecem se sobrepor facilmente e quase declarar uma relação próxima, semelhante àquela que se observa nas lombadas de cada livro, tão afins na cor — e todos rigorosamente de época.

"*Pour l'enfant, amoureux de cartes et d'estampes,/ L'univers est égal à son vaste appétit*" [Para a criança, que mapas e estampas seduzem,/ O universo é igual a seu apetite sem fundo]: é o memorável início do último poema de *Flores do mal*. Mas aos mapas geográficos e às estampas deveriam ser acrescentados também os catálogos de livros — todos os catálogos, das mais comuns listas e boletins dos editores àqueles dos livros usados, àqueles dos antiquários. Às vezes esquálidos, às vezes suntuosos, às vezes excêntricos. Em Amsterdam tem um seriíssimo antiquário, especializado em filologia clássica, que todo ano imprime um catálogo dividido em duas partes, com alguns meses de diferença entre um e outro. E a primeira parte, invariavelmente, compreende os autores de L a Z. Para ver os de A a K, é preciso esperar. Até hoje não entendi bem o porquê.

Um leitor que não seja capaz de fantasiar a partir de um catálogo é um leitor improvável. Enquanto que deixar correr diante dos olhos uma série de títulos e de nomes, frequentemente ignorados, ligados a certos números que indicam datas, formatos, páginas e preços, leva a descobertas de todo gênero. É um exercício silencioso e tenaz, em que toda vez nos remetemos aos passos anteriores, lembrando, comparando. Há títulos que foram evitados por anos e anos, vendo-os pontualmente surgir de novo. Depois, um dia, sem razão aparente, nos arriscamos e compramos aquele livro. Enfim o abrimos e descobrimos que é totalmente diferente daquilo que se havia pensado. Ou, de outro modo, se deve constatar que é como se já o tivéssemos lido — e tivessem sempre existido ótimas razões para evitá-lo.

O essencial é comprar muitos livros que não são lidos *na hora*. Em seguida, depois de um ano, ou de dois anos, ou de cinco, dez, vinte, trinta, quarenta, poderá chegar o momento em que se pensará ter necessidade exatamente daquele livro — e quem sabe ele poderá ser encontrado numa prateleira pouco frequentada da própria biblioteca. Nesse meio-tempo, pode ser que o livro tenha se tornado indisponível, e difícil de se achar inclusive em um antiquário, porque de pouco valor comercial (alguns *paperbacks* parecem capazes de se dissolver rapidamente no ar) ou mesmo porque se tornou uma raridade e vale muito mais. O importante é que agora possa ser lido *na hora*. Sem outras pesquisas, sem a tentativa de achá-lo na biblioteca. Operações laboriosas, que esmagam a inspiração do momento.

Estranha sensação, quando aquele livro será aberto. De um lado, a suspeita de ter antecipado, sem sabê-

-lo, sua própria vida, como se um diabo sábio e malicioso tivesse pensado: "Um dia você vai trabalhar com os Bogomilos, mesmo se por agora não sabe quase nada sobre eles". Do outro, uma frustração, como se não fôssemos capazes de reconhecer o que nos diz respeito senão com grande atraso. Depois nos damos conta de que aquela dupla sensação se aplica também a muitos outros momentos da nossa vida. Valéry escreveu uma vez que "somos feitos de dois momentos, e como do *atraso* de uma 'coisa' sobre si mesma".

Hoje a tecnologia diminuiu em muito os tempos de espera e de busca de um livro. É um dos vários exemplos de ilusória onipotência fomentados pelas máquinas. Mas isso nada tira do fascínio de ter nas mãos — na hora — um livro cuja necessidade não se sabia até um momento antes. O gesto decisivo permanece o de ter comprado algo, um dia, pensando que seu uso era somente hipotético.

Há também os livros molestos, aqueles que uma biblioteca não deveria acolher, em primeiro lugar porque não agradam a seus vizinhos de prateleira. Eles são a contraparte da regra do bom vizinho. A aplicação deve ser rigorosa, pois bem sabe-se que basta a cor do revestimento do muro de algum vizinho para estragar uma paisagem. Assim como uma editora se funda nos *não* muito mais numerosos do que os *sim*, da mesma forma uma biblioteca deveria se fundar a partir de grandes exclusões. Para os autores do passado, pode se tratar de edições superadas ou defeituosas ou supérfluas. Ou determinados escritores podem sumir por pura falta de interesse. Mas, sobretudo, perigosas se revelam as homenagens dos que estão vivos, que, por variados motivos, chegam a escritores, editores, críticos, jornalistas, muitas vezes com constrangedoras dedicatórias. Livros que frequentemente se apresentam como os *verdadeiros*, mas que nunca são algo que se teria vontade de procurar. Desfazer-se deles não é fácil. Borges recorria vez ou outra ao seguinte truque: sair com um pacote de livros debaixo do braço, sentar num café ou até numa livraria (a sua preferida era La Ciudad), tomar alguma coisa ou simplesmente olhar ao redor e depois sair, como se tivesse um compromisso repentino, deixando os livros na mesinha. E esperando apenas que não houvesse ninguém tão solícito que tentasse devolvê-los ao passante distraído.

Há uma regra da qual se pode concluir qual seria uma boa aproximação à *livraria ideal* — e a formularia assim: *a livraria ideal é aquela em que toda vez se compra pelo menos um livro — e muitas vezes não é aquele (ou não só aquele) que se pretendia comprar ao entrar.*

Um exemplo: a livraria La Central, em Barcelona. O lugar: um porão numa das agradáveis travessas do Passeig de Gràcia. Então, em pleno centro. Os espaços, disseram-me, hospedavam uma oficina na qual se faziam camisas. Foram modificados com muita discrição, sem impor a vontade de um designer. Melhor assim. A iluminação *não chama a atenção* (e isso significa que é boa). A disposição dos livros é a mais normal: alguns balcões logo na entrada e no longo corredor. Livros nas paredes, alcançáveis com as mãos, na primeira sala. Estantes até o teto nos outros espaços. Algumas fotos de escritores penduradas na primeira sala. Não óbvias, de formatos diferentes. Lembro de ter visto uma foto de Sebald, quando seus livros ainda não estavam disponíveis em espanhol. Era um sinal eloquente que o autor estava se tornando uma das raras descobertas internacionais dos últimos anos. O livreiro tinha se dado conta antes dos editores.

O cliente começa a olhar ao redor e logo nota uma evidente estranheza: na mesma mesa são colocados livros em várias línguas. De um determinado autor tem-se as traduções espanholas, mas também os textos originais, talvez com títulos ainda sem tradução. De um autor russo ainda sem tradução podem ser encontradas as edições francesas ou italianas, porque é mais provável que o leitor que o procura saiba o italiano ou o francês ou o inglês, e não o russo. Uma fórmula difícil, que requer uma informação impressionante — e também muito trabalho com os editores e os distribuidores estrangeiros. Lembro de ter comprado na Central alguns livros italianos que nunca tinha visto antes. Mas não é assim que se deveria apresentar uma verdadeira livraria europeia?

Quanto aos livreiros, eles não vão até o cliente. Simplesmente porque já têm o que fazer. Mudam de lugar os livros, os procuram, finalizam uma encomenda, estão na frente de um computador. Mas se o cliente pede algo, estão imediatamente a seu dispor. E logo se vê que sabem onde e como encontrar os livros. Têm a primeira virtude do livreiro: a capacidade de se orientar (entre os livros, entre as prateleiras, entre os gostos dos clientes etc.).

Resultado final: o cliente descobre livros cuja existência não suspeitava e livros que procurava sem conseguir encontrá-los. Tendencialmente, agora, os compra para não perder a oportunidade. A receita da livraria cresce. O cliente está contente. O livreiro está contente.

Obviamente nem tudo é tão idílico, mas muito cansativo e muito arriscado. Não sei se esse livreiro achará que o seu é um ofício ou uma profissão, mas — em todo caso — o importante é que seja uma paixão.

O que foi dito da Central poderá soar, com alguma razão, irreal para muitos bons livreiros espalhados pelo mundo. Contudo, a Central existe e (acrobaticamente) prospera. Mas, em geral, o bom livreiro lida com problemas bem diferentes. Não se arrisca a colocar títulos em várias línguas um ao lado do outro, até porque o conhecimento das próprias línguas parece decrescer nos leitores, quanto mais o mundo se declara orgulhosamente global. O primeiro problema do livreiro é como resistir à invasão cotidiana de novos títulos, que abrem uma passagem por entre aqueles já lançados e tendem a fazer com que estes desapareçam para sempre. O que domina é uma constante angústia: como achar um espaço para o novo sem eliminar amplas partes do que já existe? Uma dura luta de centímetros, da qual depende o sucesso e a qualidade de uma livraria.

Também este, como a maior parte dos problemas essenciais, não tem solução — ou pelo menos não se traduz em regras a serem seguidas. O que decide tudo é a capacidade de o livreiro imaginar e articular uma paisagem feita de livros, que afinal seria o espaço de sua livraria. Uma paisagem que deve ser suficientemente mutável (alta rotação em algumas de suas partes), mas também atraente e cúmplice para quem mora ou passa o tempo ali (o próprio livreiro e seus clientes aficionados). Se tal paisagem não toma forma, como acontece em numerosos casos em toda parte no mundo, nada distinguirá a livraria de um grande empório, a não ser a menor lucratividade.

Sempre escrevi a mão com uma caneta-tinteiro na primeira versão. Depois, nas seguintes, eu passava para uma Olivetti Lettera 22. Para mim, era a coisa mais óbvia do mundo, como beber num copo. Com o advento do computador, regredi, limitei-me à caneta-tinteiro. Tive e tenho a sorte de passar as páginas para a minha assistente Federica, que digita tudo no dispositivo. Uma das raras vantagens da idade. Hoje, em três mesas relativamente longas, vejo três Lettera 22. Semelhantes a animais em letargo. Uma — azul — era a minha, uma outra — verdinha — herdada de Bazlen e mais outra — cinza-ferro, com caracteres cirílicos — que era a de

Brodsky. Não é tudo: devo confessar que, num canto, há outras três, anônimas, em suas diferentes capas.

Sei muito bem que isso irá aparecer despropositado ou sofístico para quase todo mundo, mas acredito que certo modo de escrever não seja compatível com o computador *para a primeira versão*. O que acontece depois, uma vez passados para o computador, não é diferente de uma normal correção de provas — e, justamente por isso, é indispensável. Mas não vale para a primeira versão e as primeiras intervenções. Nesse caso, preciso ver todas as correções, inclusive como se dispuseram no espaço da página, bem como os acréscimos nas margens e as passagens eliminadas. É um fato visual que o computador não consegue reproduzir. Já vejo alguns que balançam a cabeça e dizem: "Mas tudo isso já é possível com o computador". Sei que nunca vou conseguir convencê-los — e sei, ainda mais claramente, que não serão eles a me convencer. Outro argumento: a imaterialidade virtual de qualquer tela exalta as imagens, como nos anos gloriosos do cinema, quando as salas se pareciam com templos babilônicos convergentes em uma epifania branca e preta, mas despotencializa a palavra, que exige um fundo opaco, resistente — papel ou argila ou pedra. E o movimento da mão que escreve sobre o papel é uma extrema, miniaturizada variante daquela mão que desenha. Enquanto os toques da mão que digita são assimiláveis ao tique-taque de um relógio.

Muito raro é o caso dos livros que li e que ficaram tais quais, sem nenhum sinal de lápis. Não deixar no livro rastros da leitura é uma prova de indiferença — ou de mudo estupor. Mas como intervir? Aqui os caminhos divergem de leitor para leitor. Aquele que para mim foi "O Leitor" por excelência, Enzo Turolla, tinha como hábito simplesmente colocar uns pontinhos quase invisíveis na margem dos trechos, das linhas, de cada palavra que mais tivessem chamado sua atenção. Reler um livro seguindo, um por um, aqueles pontinhos era, às vezes, como ler um ensaio, aguçado e articulado, sobre aquela obra. Aliás, podia-se até pensar que a escrita daquele ensaio se demonstraria supérflua ou menos incisiva. Há também os leitores irosos (a lista é longa), que lardeiam as margens dos livros com pontos exclamativos e interrogativos deprecatórios — e, às vezes, acrescentam: nonsense ou outras contumélias.

Ou então, uma simples remissão a uma página, acompanhada talvez de uma palavra-chave, e escrita na última folha de guarda branca (é um hábito meu), pode se revelar com o tempo preciosa. Não há somente os livros que uma pessoa imagina ter lido, quando apenas ouviu falar sobre eles. Há ainda os livros que uma pessoa leu e anotou, mas cuja lembrança depois apagou. E a partir das anotações no livro, desaparecido da memória, é possível até encontrar aquele trecho que será indispensável "vinte anos depois".

Com sua "caligrafia de inseto" (assim a definia), Borges escrevia anotações nas folhas de guarda dos livros, evitando cuidadosamente deixar sinais nas páginas impressas. Na sua cópia de *The Royal Art of Astrology* [A real arte da astrologia], de Robert Eisler, o mais azarado e não reconhecido entre os grandes visionários eruditos do século XX, estão duas remissões que iluminam igualmente tanto Eisler quanto o próprio Borges. Na primeira, lê-se: "*Os horóscopos individuais — 165*", que corresponde ao seguinte trecho do livro: "A ideia de que os eternos deuses astrais possam ser intimamente envolvidos no destino e no caráter de qualquer Tom, Dick e Harriet — 'tantos deuses assim que enfuriam numa única cabeça' (*tot circa unum caput tumultuantes deos*), como dizia com tom zombeteiro o filósofo Sêneca — não poderia ter sido pensada por nenhum Assírio, Babilônico ou até mesmo um Egípcio ou um Etíope".

Disso resultava que a ideia do *horóscopo individual* podia ter sido desenvolvida somente pela cultura grega. E era um modo, entre muitos, mas bastante eloquente, de distinguir a Europa de qualquer Ásia.

A outra página destacada por Borges era ainda mais significativa, porque insinuava os astros no interior de cada atividade, mesmo daqueles que os ignoram. Esta é a anotação de Borges: "*Contemplation, consideration — 261*", referida ao trecho de Eisler a seguir: "Seria difícil, se não impossível, encontrar outro corpo de doutrinas que tenha tão profundamente influenciado — a despeito de todas as críticas dirigidas em todas as épocas às suas claras falhas — o comportamento de tantos indivíduos eminentes de todas as épocas e de todos os países, deixando uma marca indelével na língua inglesa e em todas as línguas românicas, de modo que até hoje somos obrigados a usar um termo astrológico toda vez que queremos 'con-siderar' o que estamos por fazer em relação a este ou aquele problema — pois, a 'com-sideração' não é senão o ato de se confrontar com a influência dos vários astros (*sidera*) sobre a decisão 'contemplada', enquanto a própria *contemplação* significava em sua origem a construção de um diagrama que dividia o céu em quadrantes — operação chamada *templum* pelos antigos augúrios etruscos e que servia para facilitar a interpretação sistemática das maravilhas observadas por quem estudava o céu". *Consideração, contemplação*: duas palavras carregadas de potência para Borges, que viu seu sentido iluminado em duas páginas de um livro por ele adquirido em 1947 na Mitchell's Book-Store, Cangallo 570, Buenos Aires.

Sempre desconfiei daqueles que querem conservar os livros *intactos*, sem nenhum sinal de uso. São maus leitores. Qualquer leitura deixa rastros, mesmo que nenhuma marca permaneça no papel. Um olho exercitado sabe logo distinguir se um exemplar foi lido ou não.

Quanto às marcas nos livros, tudo é permitido com a exceção de escrever ou sublinhar a caneta, porque é uma espécie de lesão imedicável do objeto. Mas também essa regra admite — raríssimas — exceções. Tenho diante de meus olhos duas páginas do exemplar de *Linguística cartesiana* de Chomsky que pertencia a Oliver Sacks. Observo onze linhas sublinhadas a caneta, com uma régua. E as margens em particular estão ocupadas por observações de Sacks, feitas sempre com caneta, mas com duas cores diferentes, preto e vermelho. As palavras em vermelho retomam e corrigem as em preto. E tratam — nada menos — da relação entre "estruturas profundas" e "enunciações". Em vermelho se lê, como uma explosão, a frase conclusiva: "Eu não *penso* em enunciações". Impossível não conceder a Sacks, à sua irreprimível infância, essa e muitas outras exceções.

Se há uma palavra infame, é *civilização*. Com boas razões, mas isso não tira o fato de ela ser útil em certos casos. Por exemplo, quando digo que a London Library é um modelo sublime de civilização. A mesma coisa entendia E.M. Foster, ao escrever: "A London Library não é tipicamente inglesa; é algo tipicamente civil". Referindo-se, assim, não a uma determinada observância de maneiras ou leis, mas ao puro fato de ser algo certo e não demasiadamente distante da perfeição, segundo critérios aplicáveis em quaisquer lugar, tempo e circunstância.

A London Library foi fundada em 1841 sob o veemente impulso de Thomas Carlyle, que não suportava mais ir ao British Museum. Gente demais, ruído demais, demasiado tempo perdido para atravessar Londres, de Chelsea, e depois esperar pelos livros. E aquele italiano, Panizzi, que dirigia a biblioteca, tinha negado uma sala somente para ele.

Carlyle era um devorador de livros. Escrevia e logo

lia em público seus escritos. Por um guinéu, era possível comprar os ingressos nas melhores livrarias. Ouvintes cúmplices, entusiastas. Um testemunho benévolo fala da luz lunar que emanavam os rostos de algumas das damas mais belas da sociedade londrina, na sala da Portman Square. Olhavam para ele "como um cowboy chegado das planícies americanas" — e não, como de fato era, da Escócia.

A primeira série de leitura era dedicada à literatura alemã, dos Nibelungos aos românticos. O pico do sucesso foi alcançado com a última série, sobre os *Heróis — de Odin a Robert Burns* (assim ele a apresentou a Emerson), que soava um pouco como *De Shiva a Mick Jagger*.

Segundo Carlyle, os livros deveriam ser lidos em casa e em solidão. E, uma vez que seu apartamento não podia hospedar a enorme quantidade de exemplares que lhe serviam, era preciso inventar um clube que tornasse isso possível para ele e para a "porção que lê da Metrópole". Era por isso altamente necessária uma biblioteca particular que não somente tivesse os livros certos — ou seja, passíveis de interesse, por qualquer motivo, ao leitor inteligente —, mas que se preocupasse em entregá-los a seus sócios, em qualquer endereço do mundo onde eles se encontrassem. Porque "um livro é um gênero de coisa que requer concentração. Quem o lê deve se encontrar sozinho com ele". Então, "como pode absorvê-lo em meio a uma multidão, com uma confusão de qualquer tipo ao redor? O bem que vem de um livro não está nos fatos que podem ser tirados dele, mas no tipo de ressonância que ele desperta em nossas mentes". Seguia a peroração: "Um livro pode extrair de nós milhares de coisas, pode nos fazer conhecer milhares de coisas que ele mesmo não conhece! Por esse motivo, digo que ninguém pode ler bem um livro no meio da confusão de trezentas ou quatrocentas pessoas a seu redor! Mesmo prescindindo dos puros fatos que um livro contém, um homem pode obter muito mais em seu apartamento, na solidão de uma noite, que em uma semana num local como o British Museum!".

Palavras que foram acolhidas com uma chuva de aplausos, enquanto Carlyle falava no Lincoln's Inn Fields diante de um altar decorado com símbolos maçônicos e sob uma gigantesca estátua do duque de Sussex trajado segundo a ordem da Jarreteira. No público era possível reconhecer, ao lado das fiéis *beauties*, não poucas personalidades eminentes. Aquele discurso para a futura London Library foi o único que Carlyle pronunciou sem nenhum pagamento e se revelou muito eficaz. A London Library logo em seguida teria aberto sua primeira sede em Pall Mall. Desde seu início, apoiaram-na o príncipe Albert (que, inclusive, doou para a biblioteca uma edição das obras de Goethe em pergaminho), alguns escritores não secundários (Dickens, Macaulay, Thackeray) e alguns ilustres homens políticos (Gladstone, Clarendon, Lyttelton).

Desde então, passaram-se quase dois séculos e a London Library, depois de vicissitudes razoavelmente excêntricas e romanescas — que poderiam ter sido relatadas pelo legendário Mr. Cox, que começara a trabalhar ali em 1882 como mensageiro e a deixou como bibliotecário no início dos anos 1950 —, mantém plenamente o caráter impresso por Carlyle. Um sócio (que deve ser indicado por um outro sócio — no meu caso foi Bruce Chatwin quem me apresentou) pode fazer suas leituras na Reading Room, na St James's Square, sentindo-se como num domicílio encantador e extraterritorial, ou então pode fazer com que sejam enviados até quinze volumes de cada vez para qualquer parte do mundo, da própria Londres a Hong Kong, à Bornéu ou à Nova Zelândia. Caso outros sócios da biblioteca não os peçam, poderá renovar o empréstimo mesmo por anos (aconteceu comigo, quando escrevia *K.*, para o *Kafka-Handbuch* de Hartmut Binder, precioso e impossível de encontrar inclusive nos antiquários). Poucas alegrias são assim tão certas e límpidas como receber os pacotes amarelos com a inconfundível, elegante, imodificável etiqueta que diz, preto no branco: London Library.

Em um dos não poucos momentos críticos para a London Library (falta de fundos, perdas excessivas etc.), T.S. Eliot interveio com um discurso apaixonado que lhe ofereceu a oportunidade de destacar dois motivos inegáveis da unicidade do lugar: "Tenho um acúmulo de livros tão variados, tão relutantes a qualquer tentativa de organizá-los, que quando quero consultar um livro que sei que tenho e não consigo encontrá-lo, sou obrigado a pegá-lo emprestado da London Library". Se este pode parecer um argumento *ad hominem*, o segundo parecia endossável por um vasto número de leitores: "Não acredito que exista uma outra biblioteca com essas dimensões que contenha tantos livros assim que eu *poderia* querer e tão poucos livros que não posso imaginar que alguém queira".

Quando Isaiah Berlin se despedia para ir à British Library, não dizia: "Vou trabalhar", mas: "Vou ler".

Entre os gregos que foram celebrados por suas grandes bibliotecas, Ateneu lembra de um tirano-filólogo, Pisístrato; um cientista, Euclides; e depois Eurípedes, Aristóteles, Teofrasto. Neleu guardou os livros dos últimos dois e os vendeu para Ptolomeu Filadelfo, que os transferiu para Alexandria. Eram uma soma de singularidades. Uma biblioteca ideal deveria ter algo da "variedade", *poikilía*, que a biblioteca de Alexandria, precursora de toda biblioteca ocidental, teve desde sua origem.

Na Roma antiga existiam 29 bibliotecas públicas, 37 outros diriam. Na Europa da primeira metade do século XVII havia somente três bibliotecas abertas ao público: a Ambrosiana de Milão (desde 1608), a Bodleian em Oxford (desde 1612) e a Biblioteca Angelica em Roma (desde 1620). Gabriel Naudé, autor das *Considérations politiques sur les Coups d'État* [Considerações políticas sobre golpes], maquiavélico extremo e "grande cético", foi antes de tudo um caçador de livros. Recolheu mais de 40 mil para o cardeal Mazzarino, antes que um "decreto inepto" do Parlamento decidisse vendê-los ao público. Arrasado, Naudé investiu todos os 3 mil *livres* que possuía para recuperar uma parte. E, no final, conseguiu que, sempre com base nos livros do cardeal, fosse fundada a Bibliothèque Mazarine, "pública e universal".

Mas, mesmo antes, Naudé já havia se preocupado em como organizar uma biblioteca no seu *Advis pour dresser une bibliothèque* [Dicas para montar uma biblioteca]. No capítulo VII, tratava "da qualidade e condição que devem ter" os livros da biblioteca ideal. E logo listou as categorias nas quais poderiam ser divididos. Em ordem: Teologia Positiva, Escolástica, Direito, Medicina, Astrologia, Óptica, Aritmética, Sonhos. Os Heréticos também deveriam ter um lugar para eles. Era sugerida a presença de Boccaccio, Dante e Petrarca em italiano, ao lado de Avicena em árabe, mas eram excluídos os romances, essa "pura frivolidade". E a literatura em si não era nomeada, categoria imatura, sobretudo entre os Modernos. Quanto ao próprio Naudé, segundo Sainte-Beuve, "não dava a menor atenção para a expressão literária, aliás, não tinha noção dela". No mais, os critérios por ele sugeridos ficaram intactos, depois de quatro séculos.

Um contemporâneo descreveu Naudé quando saía de alguma toca de livreiro: "empoeirado da cabeça aos pés, coberto de teias de aranha na barba, no cabelo, nas roupas, a tal ponto que nenhuma escova parecia suficiente". E Sainte-Beuve, sempre malicioso, aplicava a descrição também ao seu estilo, "cheio de teias de aranha".

Mas Naudé foi também o teórico dos golpes de Estado, e seu gélido escrúpulo de catalogador fazia Sainte-Beuve estremecer: "Oferece a receita do que acha permitido em caso de necessidade: assassinato, envenenamento, massacre. Divide e subdivide tudo com um inimaginável sangue-frio. Os conselhos de moderação que ele coloca só ressaltam ainda mais a imoralidade do fundo; em alguns momentos se poderia pensar que brinca: é como um cirurgião curioso que reúne exemplos de todos os mais belos casos ou como um químico amador que rotula com complacência todos os seus venenos, escrevendo para cada um qual é a dose indispensável e suficiente". A insistência de Naudé para que a biblioteca ideal fosse útil a qualquer um não era devida a uma onda de benevolência, mas ao impulso de expandir uma obsessão em qualquer ponto, de modo que ela se mostrasse — depois de tudo — *normal*.

"No disturbeme che per cosse utili" [Só me incomode para coisas úteis]: esse escrito podia ser lido na ofici-

na de Aldo Manuzio em Veneza, sestiere* de San Polo, rumo ao campo Sant'Agostin, perto do padeiro. Segundo Martin Lowry, que investigou até o que sobrevive das contas de Manuzio, aquela oficina era "uma mistura, hoje quase inacreditável, de brutal laboratório, hospedaria e instituto de pesquisa". Ali circulavam cerca de trinta pessoas, entre trabalhadores, serviçais, familiares e hóspedes. Um dia de 1508, Erasmo de Roterdã estava sentado num canto da casa de impressão e escrevia os *Adágios*, recorrendo somente à sua memória e, folha depois de folha, ele as passava ao tipógrafo para que ele as compusesse. Num outro canto, Aldo lia e relia as provas que já tinham sido lidas e relidas por outros. Se alguém chamava sua atenção a esse respeito, ele respondia: "Estou estudando". Essa era a vida de todo dia. "Desde que iniciei o extenuante ofício de tipógrafo, já se passaram seis anos, posso jurar que não tive uma hora ininterrupta de repouso", escreveu Aldo uma vez. Porém não somente para ele a vida era dura. Segundo Erasmo, os trabalhadores da tipografia dispunham de meia hora por dia para se alimentar. Não é de surpreender que tivessem turbulências e que Aldo deplorou que, por quatro

---

* Nome que se refere às seis partes em que eram divididas algumas cidades italianas, como nesse caso Veneza. (N. T.)

vezes, seus trabalhadores tivessem feito "um complô contra a minha pessoa e em minha casa, atiçados pela mãe de todos os males, a Avidez: mas, com a ajuda de Deus, eu os destruí a tal ponto que agora se remoem profundamente pela sua traição". Entretanto, se há um lugar que emanava uma felicidade completamente nova, era aquela oficina.

Aldo foi quem primeiro transformou o tipógrafo em editor, acrescentando uma incógnita minúscula ou enorme na equação de um ofício que havia sido inventado quatro décadas antes. E isso se deu graças a uma espécie de devoção às *coisas úteis*. Ele se tornou editor com quarenta anos. Até então, tinha trabalhado como preceptor em casas nobres e poderosas. E poderia facilmente ter se tornado um dos vários catedráticos da época, com um bando próprio de alunos e de vaidades. Mas é claro que ele vislumbrou algo diferente, bem mais arriscado, bem mais urgente e bem mais atraente: *dar forma* a determinados livros, sobretudo gregos, a partir das gramáticas. Uma necessidade quase física disso era sentida em Veneza, onde chegavam continuamente êxules e manuscritos, depois da queda de Constantinopla em 1453. E Veneza, naquela época, era um compêndio do mundo. Ou de outro modo, para Aldo, "uma outra Atenas". Enquanto isso, ele pedia somente

para ser deixado tranquilo para "publicar bons livros",
edendis bonis libris.

Existem os casos fortunados — sempre mais raros,
mas agora reduzidos ao mínimo na era da tecnologia —
em que o livreiro não se deu conta do que tem em mãos.
Lembro de um, que remonta aos primeiros anos da década de 1970. A data é importante por justificar a arcaicidade de determinados detalhes.

Era um catálogo alemão, mimeografado (se alguém lembra o que era o mimeógrafo, usado para as apostilas universitárias e os panfletos políticos). Publicações acadêmicas de germanistas e romanistas. Preços irrisórios, em se tratando de comuníssimas publicações universitárias, em boa parte "títulos para concurso". Meu olho caiu em um Cavalcanti, *Rime*, sem nenhuma indicação do organizador, mas somente do lugar de publicação: Gênova. E isso era suficiente. Aquela palavra "Gênova" só poderia significar a espectral, legendária edição de Cavalcanti organizada por Ezra Pound e deplorada pelos italianistas pela sua não confiabilidade. Comprei-a na hora — creio que por algo em torno de dez marcos — e alguns dias depois a recebi: um magnífico formato in-oitavo grande, de um vermelho carregado. Na capa, lê-se apenas: "Guido Cavalcanti/ Rime". Mas dá um arrepio ao se ler na folha de rosto: "Edição emendada nas ruínas". Era Pound quem definia, com vibrante eloquência, não somente seu trabalho, mas a si mesmo. Mas seu nome não recorre em todo o livro, senão com as iniciais na premissa: "*Ad Lectorem* E.P.". Na parte de baixo das três páginas, escritas em italiano, lê--se: "Rapallo, Maio — Ano IX". Porém isso não era tudo: no meu exemplar há também uma dedicatória, com tinta preta e grafia vigorosa: "V.M. from EP XV". Desde então, nunca mais vi o Cavalcanti de Pound num catálogo de livreiro.

"*Habent sua fata libelli*" [Os livros têm o seu destino] repetia incessantemente o irresistível e exasperador Brichot na *Recherche*. Um dia, sempre no início dos anos 1970, folheava um catálogo de livros de história da arte no leilão da Sotheby's e notei um número que englobava dois volumes de Aby Warburg, *Gesammelte Schriften* [Coletânea de escritos], e as *Lectures* de Fritz Saxl, com o acréscimo de uma quantidade indefinida de passagens, sem indicação dos autores. O preço de referência era modesto. Fiz minha oferta e me comunicaram que o lote era meu. Quando o pacote chegou, foi uma surpresa de sabor misto, doce e amargo.

As passagens eram ensaios de Warburg: algumas em grande formato, elegantemente encadernadas e impressas, como só poderia ser algumas publicações eruditas do início do século XX, todas com dedicatórias aos familiares mais próximos ("À sua c[ara] esposa e colaboradora... com gratidão o Aut[or] Ag. '907") para o ensaio sobre Sassetti; aos pais, com indicação do regimento onde Warburg tinha prestado o serviço militar, para o ensaio sobre o *Nascimento de Vênus* e a *Primavera* de Botticelli. Para quem conhece os eventos dilacerantes da vida de Warburg, sempre em perigo de precipitar na doença mental, algumas dedicatórias ressoavam sinistras: "Ao filho Max, com uma boa lembrança do Natal de 1924, quando seu pai estava novamente em Hamburgo", depois de uma estada de três anos na clínica psiquiátrica de Binswanger. Ou também a dedicatória à esposa Mary "em lembrança de quatro anos e meio passados juntos e relativamente felizes" — estava-se em 1902, dessa vez, e Warburg se referia aos primeiros e sempre tempestuosos anos de seu casamento.

Mas no pacote não havia somente essas magníficas e altamente patéticas passagens. Havia também um datiloscrito, simploriamente encadernado, com capa muda, intitulado: "Relatório sobre a atividade da Biblioteca Warburg nos anos de 1930 e 1931". Trinta e cinco páginas enumeradas e seguidas por duas assinaturas autógrafas, uma em cima da outra: Saxl/Bing. Obviamente, Fritz Saxl e Gertrud Bing. Como fonte sobre a história do Warburg Institute, em anos decisivos, não subsiste nada de igualmente importante e raro. Na bibliografia do livro muito lacunoso de Gombrich sobre Warburg, esse "Relatório" é mencionado, especificando que se trata de um datiloscrito, mas silenciando a respeito de quem seriam os autores.

Tudo isso induzia a pensar em duas indubitáveis passagens. Em primeiro lugar, um membro da família Warburg, ilustres banqueiros de Hamburgo, devia ter se livrado apressadamente dessas passagens e desses livros (os dois volumes dos escritos de Warburg eram possivelmente sua cópia pessoal, porque trazem seu nome na folha de guarda), sem renunciar, contudo, a vendê-los, mesmo com magros resultados. Além disso, os especialistas da Sotheby's não perceberam o que tinham em mãos ou não haviam dado nenhum peso àquele material, inserindo as passagens no catálogo sem nem mesmo oferecer um detalhamento. O velho Brichot tinha razão.

Após várias peripécias, o Cavalcanti de Pound e as

passagens de Warburg acabaram em duas prateleiras adjacentes, apesar de as órbitas de Warburg e de Pound serem muito distantes (mas foram ambos os primeiros a *perceberem* o Palazzo Schifanoia). Não sei reconstruir o motivo, mas acredito que estejam no lugar certo.

Não há a necessidade de que os livros estejam em ordem — e nem em desordem — para revelar algo de seu proprietário. Podem até estar em caixas apenas abertas. Alguma coisa, de todo modo, será revelada.

A primeira pessoa que colocou os pés no apartamento em que ainda moro, em Milão, foi Jacob Taubes. Nunca o havia encontrado antes, mas sabia quem ele era — por Frederic Rzewski, em cujas mãos Taubes havia colocado *Da tirania*, a troca inflamada entre Kojève e Leo Strauss; e por Ingeborg Bachmann. E foi Ingeborg que sugeriu a Taubes de me procurar em Milão. Era dezembro de 1968 e Taubes dirigia em Berlim o seminário mais subversivo da Europa. Mas ele tinha muito cuidado em não apresentá-lo assim. Disse somente que procurava atrair *o melhor* — e graciosamente me convidou para ir a Berlim e lecionar lá por algum tempo. A Adelphi, na época, estava apenas começando, por isso declinei o convite.

Mas Taubes era um cativante, fascinante conversador — e não queria certamente falar apenas de seu seminário. Estávamos sentados num cômodo ainda sem móveis, boa parte dele ocupado por caixas de livros, que tinham acabado de chegar de Roma. Para Taubes — e isso logo ficou claro para mim —, falar com alguém significava, antes de mais nada, entrar na paisagem de sua biblioteca. E naquele dia não era possível. Mas o impulso continuava forte, por isso Taubes esticou a mão na direção de uma das caixas e pegou o primeiro livro que despontava: *Vom kosmogonischen Eros* de Ludwig Klages. "Mas como é possível?" (entendendo com isso: "Como ousa?"), logo me perguntou, com uma expressão cúmplice que não me esqueço. Hoje tudo isso pode parecer de difícil compreensão, mas Klages era à época um dos nomes *proibidos*. Foi o modelo para o Meingast de Musil, no *Homem sem qualidades*, mas, em primeiro lugar, estava associado a tudo o que os estudantes de Berlim, também os do seminário de Taubes, se sentiam na obrigação de evitar e deplorar: a alma (*O espírito como antagonista da alma* era o título de sua obra mais imponente), Nietzsche, a grafologia, Bachofen, o reino das Mães, a teluricidade. Para não falar do *Eros cosmogônico*, título do livro que agora Taubes tinha em mãos. Em uma palavra: Klages era o *irracional*, o horrível irracional, inimigo mortal de todo *Aufklärung* [Esclarecimento].

Não revi mais Taubes depois daquele dia, mesmo tendo ouvido falar muito dele. Sobretudo por Scholem, que tinha acabado por abominá-lo e o considerava uma figura demoníaca; e por Cioran, que muito o apreciava. Enquanto escrevo isto, me dou conta de que se passaram exatamente cinquenta anos daquele outono de 1968 e a Adelphi está publicando a correspondência entre Carl Schmitt e Taubes com o título *Ai lati opposti delle barricate* [Em lados opostos das barricadas]. Então, vem uma lembrança: Taubes, que amava deixar desconcertados seus alunos revoltosos e fanáticos, convidou Kojève para seu seminário. Os estudantes o escutaram com temor. No momento da despedida, Kojève disse que sua etapa seguinte seria uma visita a Carl Schmitt, o homem que mais o interessava na Alemanha.

Koen van Gulik, editor holandês, se viu, além da sua, com uma biblioteca herdada, que vinha de alguém que lhe era muito próximo: seu pai. O pensamento mais óbvio e também prático foi o de reunir as duas bibliotecas. Assim, o mesmo clássico se apresentaria em várias edições e algumas lacunas seriam preenchidas. Contudo, logo Koen percebeu que não conseguia. Os livros de uma biblioteca permaneciam atraídos pelos livros da mesma biblioteca. Recusavam-se ser agrupados de modo diferente. A vizinhança forçada podia também provocar rangidos, deixar florescer incompatibilidades de gosto. E, de qualquer forma, era como se as duas bibliotecas reunidas se tornassem algo parecido com uma biblioteca pública ou uma livraria. Perdiam seu caráter de involuntária confissão. Koen é um bom editor, até porque teve essa percepção.

Eu, contudo, não estava tão seguro de que a biblioteca em questão pertencesse ao pai de Koen. Pedi-lhe, então, uma confirmação e recebi a seguinte carta: "Sim, era de meu pai, nascido na década de 1920, numa família muito católica do norte dos Países Baixos — ou seja, uma ilhazinha no mar calvinista holandês —, que começou a perder a fé depois da guerra e procurou a Resposta para sua dúvida em livros demasiadamente difíceis — teologia, história, psicologia — e na literatura da época, já naquela altura pouco legível. Isso não significa que os temas que lhe eram caros não pudessem me interessar, mas não naquela quantidade pesada de sua biblioteca. Além disso, meu pai era uma pessoa antipática. Inserir sua biblioteca na minha teria significado a aceitação da sua inalienável importância para a minha vida, que depois da sua morte procurei negar". Palavras que mostram como o fato de organizar uma biblioteca pode remexer as águas mais profundas.

Em 1911, Fritz Saxl colocou os pés pela primeira vez na biblioteca de Aby Warburg, que era nessa época uma instituição particular num bairro residencial de Hamburgo — e, também em seguida, Warburg nunca quis que se transformasse num dos muitos lugares para seminários da universidade. A primeira impressão foi de um desconcerto singular. Raras bibliografias estavam ao lado de numerosas publicações de astrologia. E o embaraço também dizia respeito ao modo com que a biblioteca era organizada: "Warburg não se cansava nunca de mudar de lugar os livros e depois mudá-los de novo. Cada passo adiante em seu sistema de pensamento, cada nova ideia sobre a inter-relação dos fatos o induzia a reagrupar de outro jeito os livros relacionados".

Sóbrias palavras que convidam a se resignar, de uma vez por todas: a organização de uma biblioteca nunca encontrará — aliás *nunca deveria* encontrar — uma solução. Simplesmente porque uma biblioteca é um organismo em perene movimento. É um terreno vulcânico onde sempre está acontecendo algo, mesmo que não seja perceptível de fora. "Nessas regiões, qualquer ordem não é nada além de um estado de suspensão sobre o abismo" (Benjamin).

"O senhor os leu todos?", perguntou a loira senhora finlandesa a meu pai, quando entrou na nossa casa em Roma. À esquerda tinha uma parede com textos jurídicos entre o século XVI e o final do XIX, muitos dos quais in-fólio e em sua maioria em latim. Era a pergunta clássica que muitos pensavam e que agora a franqueza boreal enunciava. Pergunta da suspeitosa ignorância, nunca, porém, tão justificada como diante de livros que por sua natureza não se leem um atrás do outro, mas são consultados e compulsados.

Quanto a mim, eu passava ao lado desses volumes todos os dias da minha infância e adolescência. Por isso, era obrigado, pelo menos visualmente, a achá-los familiares, mesmo se fossem totalmente desconhecidos. Entretanto, sei que devo muitíssimo a eles, porque desses livros eu não poderia não ter *lido as lombadas*, com aqueles nomes e aqueles títulos muitas vezes obscuramente entrelaçados.

A senhora finlandesa não tinha somente dado voz

à pergunta peculiar de quem não sabe bem o que significa ler, mas tinha também tocado num ponto crucial no que diz respeito a cada in-fólio, formato incompatível com os tempos modernos. Não é imediato imaginar um leitor de hoje que lê um in-fólio, senão nas grandes bibliotecas públicas. Faltam as escrivaninhas certas, os suportes, as altas estantes. A postura de são Jerônimo e o seu gabinete nas pinturas de Antonello da Messina ou de Van Eyck não parecem hoje replicáveis. Assim perde-se também um singular prazer ligado aos in-fólio: a sensação de ler algo que nunca será lido por inteiro.

Donellus, Cuiacius, Albericus de Rosate, Baldus Ubaldus, Azo, Bartolus a Saxoferrato, Matthaeus Afflictis, Fulgosius, Placentinus, Zabarella: nomes que eu não tinha como deixar de ver todos os dias, mesmo enquanto brincava. E que podiam parecer estranhos e hostis, como inevitavelmente aparecem num determinado tempo para qualquer criança as coisas dos adultos. E depois, pouco a pouco, deveriam emanar uma sutil fascinação, pela pura força de seu som, e sempre ligados à sensação da desmedida, benéfica prevalência do desconhecido sobre o conhecido. Sensação sem a qual não se dá sequer o primeiro passo do conhecimento — e permanece intacta até o fim. Sensação que se pode também ter a sorte de sentir caminhando num corredor, em casa, e tomando nota sem querer, com o canto do olho, dos nomes escritos nas lombadas de alguns in-fólio.

II

OS ANOS DAS REVISTAS

"Vocês me perguntam como começou *Commerce*... Um dia Valéry disse de repente: Por que não continuarmos as nossas reuniões publicando em uma revista os nossos diálogos? Como título, sugiro 'Commerce', comércio das ideias. Essa proposta encantou todos os presentes. Os diretores (Larbaud, Valéry, Fargue) foram designados imediatamente. Adrienne Monnier e eu mesma nos encarregamos de colocar tudo em ação e logo começamos". Assim escrevia Marguerite Caetani, nascida Marguerite Gilbert Chapin, americana que chegou à Europa em 1902, casada com Roffredo Caetani, príncipe de Bassiano. Em Paris, chamavam-na de "a Princesa", ela assinava Marguerite Caetani.

Entre os três imediatos diretores, Valéry era a autoridade, Fargue, um escritor admirado sobretudo por outros escritores, Larbaud, um barqueiro mercurial em qualquer lugar que se falasse *num certo modo* de literatura (Svevo e Joyce tiveram a oportunidade de testemunhar isso).

Nem Marguerite Caetani, que teria financiado *Commerce*, nem os três diretores tinham algo a proclamar. Nunca se colocou a questão de estabelecer um programa da revista, como nunca se coloca numa conversa entre amigos, talvez distantes e ocasionais.

Quando o primeiro número ainda não tinha saído, Valéry escrevia para Larbaud: "Recebo em Roma a sua muito estimada do dia 12 que me faz mergulhar um pouco na atmosfera dos nossos almoços, irregulares, mas amáveis. O fruto daquelas reuniões é *Commerce*... A coisa chata é escrever... Muito me agradaria se tivéssemos fundado uma revista em que não houvesse a necessidade de escrever. Vocês se dão conta das vantagens que existiriam! Leitor, autor, todos felizes.

"Sem ir muito além na perfeição do gênero, poderia ter-se concretizado o que eu tinha idealizado aos 23 anos e a fobia do porta-lápis.

"Queria fazer uma revista de duas a quatro páginas.

"Título: O Essencial.

"E nada mais do que *ideias*, em duas ou três linhas.

"Nada mais do que o magro...

"Poderia ser assinada com as iniciais, por economia…".

O nome de Marguerite Caetani nunca apareceu nos 28 números de *Commerce*. A marca da revista era uma antiga balança romana, cuja imagem aparecia no colofão do primeiro número, sob a indicação da tiragem (1600 exemplares). Reconhecer *o peso certo*: era o pressuposto essencial para a revista. Tudo aquilo que não o tivesse, era preciso descartar.

Resta lembrar, e compreender, o que foram as revistas (entendendo as que tinham as *lombadas*, por isso não assimiláveis a periódicos genéricos, como é, ao contrário, o caso da *New York Review of Books*, a *New Yorker* ou o *Times Literary Supplement*). Questão já do passado, porque as revistas literárias pertencem àquelas não poucas formas que desapareceram nos últimos cinquenta anos. A época áurea delas, já está claro, foi entre as duas guerras, com notáveis pródromos nos anos entre um século e outro (*La Revue Blanche*, *The Yellow Book*, *Die Insel* [A ilha]).

* * *

Marguerite Caetani era elegante demais para não fugir como da peste de qualquer aparência de matronato literário. Era uma Guermantes, não uma Verdurin. Também por isso, em geral escapou da atenção de tantos universitários, toscos e vorazes, que continuam a encher a boca de "modernismo" e "vanguarda". Marguerite Caetani não era captada pelo modesto radar deles. E pouco se escreveu de significativo sobre ela. Salta muito mais aos olhos, em compensação, o magnífico *retrato de Marguerite* (ou Margherita, como nele é chamada) que nos deixou Elena Croce em *Due città* [Duas cidades].

Retrato que se refere aos anos italianos de Marguerite Caetani, quando, entre 1948 e 1960, dirigia *Botteghe Oscure*, destino cobiçado pelos *expatriates* anglo-americanos da época, revista contudo excelente, que porém dá a sensação de um colapso já acontecido — e é inevitável ler como uma versão de *Commerce* na colônia. Para constatá-lo, basta colocar lado a lado uma cópia de *Commerce* e uma de *Botteghe Oscure*. Comparação totalmente desfavorável para a segunda: pior a qualidade do papel, menos felizes o formato e o espelho de página, colaboradores demais (foi o vício principal da revista, que arriscava acabar nas plagas do irrealizável). E mesmo assim, como observou Citati numa entrevista, "*Botteghe Oscure*... foi a mais bonita revista literária italiana daquela época, infinitamente mais bonita do que *Politecnico*, *Paragone* etc. etc. que são muito mais conhecidas".

Georges Limbour escreveu uma *Ode ao índice* de *Commerce*, que iniciava com "Artaud" e terminava com "Zen". Era este o prodígio peculiar de *Commerce*: naquele índice, quase todos os nomes *ressoam*, dizem ainda alguma coisa. Ou, pelo menos, nos deixam curiosos. O mesmo não acontece com *Botteghe Oscure*, em que em algumas partes se passa pelo índice dos nomes como numa lista telefônica (os escritores publicados eram mais de setecentos, em cinco línguas). Nesse ínterim, tinha ocorrido o fim do momento áureo, do qual ninguém se dava conta. A própria ideia de revista literária havia se esgarçado. E *Botteghe Oscure* já se apresentava mais como um almanaque semestral do que como uma revista.

"Régia": palavra usada por Elena Croce, geralmente espartana na adjetivação, para definir Marguerite

Caetani. Sublinhando que "Margherita tinha ocupado sozinha seu próprio papel quase de reinante", em paralelo ao outro possível soberano na geografia mundana da Itália já remota e quase indecifrável dos primeiros anos do pós-guerra: Bernard Berenson, a quem era ligada por uma amizade "quase o emblema da concórdia discorde". Sabiam se cutucar amavelmente. Berenson dizia dela: "Sempre procura uma nova arte mais feia do que a anterior", tocando o ponto mais sensível da amiga, que vivia sempre na "espera de um novíssimo 'novo'".

Berenson, ao contrário, judeu lituano emigrado nos Estados Unidos e magistralmente mimetizado na Boston mais *waspish*, dizia de si mesmo: "Gastei demais do meu tempo e dinheiro para fazer de mim um *gentleman*" — e não estava disposto, de forma alguma, a abrir mão daquilo que havia conquistado. Enquanto Marguerite Caetani cresceu naquela Boston e não precisou fazer nenhum esforço de ascensão social. Nos anos de *Botteghe Oscure*, quando um amigo lhe fez notar que o título da revista poderia apresentar equívocos, porque "Botteghe Oscure" — para um ouvido italiano — significava a sede do partido comunista muito mais do que o endereço do edifício Caetani, a resposta foi: "Mas nós moramos aqui há mil anos".

* * *

Apesar de se ausentar rigorosamente todas as manhãs de qualquer contato com o mundo, para escrever os seus *Cahiers* entre as cinco (ou as quatro) e as sete, quando começavam a se ouvir leves rumores domésticos, Valéry continuava sendo um grande estrategista literário e sabia perfeitamente que ligar seu nome a uma revista era uma operação muito delicada e cheia de consequências. Como testemunha, em sua plena lucidez, a carta que escreveu a Marguerite Caetani em abril de 1924, dois meses antes que fosse impresso o número inaugural de *Commerce*: "Se eu tivesse podido assistir aos encontros do Comitê secreto, teria pedido que o nosso plano fosse detalhado e que tivessem sido tomadas todas as disposições para diferenciar totalmente esta publicação de todas as revistas possíveis. Porque, hoje, se tem um número tal de revistas que não é necessário acrescentar nenhuma outra.

"O essencial seria conquistar uma autoridade, ocupando no Mundo das Letras, ou nos confins deste mundo horrível, uma posição estratégica singular — a das pessoas de espírito absolutamente livre, que não precisam mais se fazer conhecer e disparar tiros de pistola nos lampiões, e que, por outro lado, não são ligadas a nenhum sistema… Acredito que teremos tempo para voltar a esse assunto no meu retorno, daqui a algumas semanas. Farei o meu melhor para dar-lhe uma 'Carta sobre as Cartas', como é seu desejo, apesar de não saber onde encontrar o tempo para escrevê-la, considerando os compromissos (que não cumpro), os aborrecimentos etc.

"Não acredito que se tenha de anunciar a revista na imprensa com grande barulho e defini-la de largada. Sou da ideia de que não é útil mencionar os nomes dos 'diretores' na capa… A minha ideia seria a de que não deveríamos parecer estar voltados para o público, como se estivéssemos em pé num palco. Mas a de que parecemos nos encontrar entre nós mesmos, com o público autorizado a olhar pela janela… Mas tudo isso demandaria uma discussão ao vivo e a real presença — Beijo suas mãos, cara Princesa, encarregando-a de transmitir todos os meus sentimentos romanos ao Príncipe — e minhas lembranças a Fargue, Larbaud, Léger — se tiver a oportunidade de vê-los nesses dias."

Abrimos o primeiro número de *Commerce* e lemos o índice: Valéry, "Lettre"; Fargue, "Épaisseurs"; Larbaud, "Ce vice impuni, la lecture"; Saint-John Perse,

"L'amitié du Prince"; Joyce, "*Ulysse*: Fragments". Os primeiros três textos pertencem aos diretores; o quarto é do poeta *residente* (e constante conselheiro) da revista; o quinto é a única abertura ao mundo externo do "Comitê secreto". Mas trata-se do *Ulysses* de Joyce — e isso poderia até bastar.

Observemos, agora, o que está no primeiro lugar, normalmente reservado aos programas, aos manifestos, às declarações de intenções: a posição de tudo o que pode existir de mais público e declarado aos quatro ventos. Aqui, ao contrário, encontramos a forma mais íntima, reservada e secreta: uma carta. Que corresponde àquela "Carta sobre as Cartas", preanunciada por Valéry a Marguerite Caetani. Mas encurtada do detalhamento "sobre as Cartas". Por qual motivo? E a quem é dirigida a carta? Poder-se-ia pensar à própria Marguerite Caetani, visto que aquela carta havia sido solicitada por ela. Mas três anos depois vemos reaparecer aquele texto, agora com o título "Carta para um amigo", numa edição ampliada de *Monsieur Teste*. Então, o destinatário era, justamente, Monsieur Teste, antepassado totêmico, emblema e cifra do próprio Valéry. E Monsieur Teste era o exemplar — único por definição — de um solipsismo extremo. Escrever uma carta para ele significava dialogar no interior de sua cabeça. Era uma tarefa do seu duplo. Disso tudo já se entende que a "Lettre" na abertura de *Commerce* era uma amostra de *dramaturgia mental*, gênero literário inventado e praticado por um único autor: Valéry, justamente — baseado no pressuposto de Mallarmé.

Ao mesmo tempo, a "Lettre", através de um caminho tortuoso e capcioso, é também — se a lemos na revista — o *equivalente* a uma declaração programática, dirigida ao "Mundo das Letras", àquele "mundo horrível" em cujos confins *Commerce* deveria ter ocupado "uma posição estratégica singular".

Mas como inferir isso? A "Lettre" se apresenta como escrita no trem, numa longa viagem noturna a Paris. O rumor dos trilhos, bielas e pistões se mistura com um incessante trabalho mental. É o "metal que forja o caminho na sombra" — e disso se tem que "o cérebro, sobre-excitado, oprimido pelas crueldades, sozinho e sem o saber, gera necessariamente uma literatura moderna...". Isso serve para manter distante todos os vanguardismos que disparam balas contra os lampiões.

Mas o alvo mais importante é outro: à medida que o trem se aproxima de Paris, a cidade onde "a vida verbal é mais potente, mais diferenciada, mais ativa e caprichosa do que em qualquer outra", o "duro murmúrio do trem" parece se transformar no "zunido de uma colmeia". Não é somente o Mundo das Letras que se perfila, mas todo o "bazar ocidental dos escambos dos fantasmas". E enfim aparece o verdadeiro alvo de Valéry: "A atividade que é definida *intelectual*". A essa altura se inicia um jogo relâmpago entre *persiflage* e sarcasmo. Valéry pretende, com gravidade absoluta, não saber o que significa a palavra "intelectual" (como adjetivo). E se justifica com seu interlocutor: "O senhor sabe, meu caro, que sou uma mente da mais tenebrosa espécie".

Uma repentina clareza, ao contrário, alastra-se quando se fala de *intelectuais* como substantivo. São os fiéis da *opinião*: "Homens quase imóveis que provocavam grandes agitações no mundo. Ou homens muito animados, que agitando vivamente suas mãos e suas bocas manifestavam potências imperceptíveis e objetos invisíveis para sua essência... Tal sistema de atos estranhos, de produções e de prodígios tinha a realidade onipotente e inconsistente de um jogo de cartas". Pouco a pouco, se definia uma alucinação demoníaca, em que quem escrevia a carta reconhecia se sentir capturado como se estivesse em uma teia de aranha. Mas, ao mesmo tempo, deixava entender que não se podia nunca estar suficientemente distante e separado dela. E era essa a intenção, oportunamente camuflada, sobre a qual devia se fundar *Commerce*.

* * *

A "Lettre" inaugural de Valéry em *Commerce* poderia valer como apólogo para significar que determinadas páginas, que apareceram numa revista num determinado dia e numa determinada companhia, têm *sempre* um significado diferente daquele que assumem num livro. Quem lê hoje a "Lettre", que se tornou "Lettre d'un ami", na edição definitiva de *Monsieur Teste*, dificilmente poderá captar a função tão estratégica em relação ao seu entorno que esse texto teve um dia no verão de 1924, quando apareceu na abertura do primeiro número de *Commerce*. Também para isso serviram as revistas: para multiplicar e complicar os significados.

O *momento* é, para uma revista, uma variável capital. Enquanto se dá a viagem noturna de Valéry rumo a Paris, Breton está escrevendo o *Manifeste du surréalisme*. O lançamento de *Commerce* acontece em agosto de 1924, enquanto o *Manifeste* vai aparecer em outubro — e em dezembro o primeiro número da *Révolution Surréaliste*. As capas das duas revistas parecem pertencer a mundos incompatíveis: *Commerce* com seu tênue bege, o título lapidário, sem especificações, acompanhado somente pela data e local de impressão; *La Révolution Surréaliste* numa vistosa cor laranja, com três fotos de grupo, os membros da "central surrealista" fotografados por Man Ray, como numa foto de escola, e depois os nomes de uma multidão de colaboradores no sumário e no meio uma frase que grita: "É preciso chegar a uma nova declaração dos direitos do homem", à qual nada correspondia naquele primeiro fascículo. Péret, um dos dois diretores, quis que em aspectos gráficos a revista se assemelhasse a uma de divulgação científica: *La Nature*. A tipografia era usada sobretudo para publicações católicas.

Poder-se-ia dizer: dois mundos remotos, que muito pouco têm em comum. Mesmo assim, a partir do Caderno II de *Commerce*, os textos — entre os não muitos — importantes dos surrealistas são acolhidos: Aragon, "Une vague de rêve" [Uma onda de sonhos] (Caderno II), que é também um relato do nascimento do surrealismo; Breton, "Introduction au discours sur le peu de réalité" [Introdução ao discurso sobre fragmentos da realidade] e *Nadja* (Cadernos III e XIII), incluindo também os réprobos: Artaud, "Fragments d'un journal d'enfer" [Fragmentos de um diário do inferno] (Caderno VII) e os divergentes: Daumal, "Poèmes" [Poemas] (Caderno XXIV). Vistos em retrospecto, dir-se-ia que são textos filtrados através de uma densa rede, bem como entre os poucos ainda vivos na abundância em boa parte vácua dos escritos do grupo. O surrealismo era uma especiaria que se acrescentava ao mercado de *Commerce*, depurada de escórias e de qualquer ambição de disparar contra os lampiões.

O que acontecia naquele 1924? Segundo Aragon, que foi seu cronista ao mesmo tempo visionário e sagaz, aquele ano foi arrebatado por "uma onda de sonho": "Sob esse número [1924] que possui uma rede e se arrasta atrás de uma massa de peixes-luas, sob esse número ornado de desastres, com estranhas estrelas entre os cabelos, o contágio do sonho se espalha por bairros e campinas". Assim se explicava o fato de *La Révolution Surréaliste*, quando de seu lançamento simultâneo à publicação do texto de Aragon em *Commerce*, ter depois apostado tudo, inclusive da forma mais pueril, nesta palavra: *rêve, rêve, rêve* — como se, ao repeti-la, se exaltasse seu poder.

Mas também Aragon era um hábil estrategista — e logo fez uma lista dos "Presidentes da República do sonho" em que — ao lado de Raymond Roussel, da anarquista autora de atentados Germaine Berton, de Picasso, de De Chirico, de Freud — se encontravam os nomes de Léon-Paul Fargue e de Saint-John Perse, sócios fundadores do "Comitê secreto" de *Commerce*. Mesmo sendo surrealistas, os literatos não esquecem seus antigos costumes.

Havia, assim, desde o início, uma circulação subcutânea, entre *Commerce* e *La Révolution Surréaliste*, no mesmo momento em que começavam. A prova? A frase sobre os "direitos humanos", que reinava no centro da capa da revista surrealista, fazendo menção a "Vague de rêve" de Aragon, que no mesmo outono aparecia em *Commerce*, encontrando somente ali um aceno a uma explicação: "Tudo o que de esperança ainda permanece neste universo desesperado dirigirá os seus últimos olhares delirantes para a nossa irrisória vendinha: '*Trata-se de chegar a uma nova declaração dos direitos do homem*'". Para chegar a essa "nova declaração", o caminho devia ser deveras longo, porque dela não se soube mais nada.

Por duas noites, em janeiro de 1928, quinze surrealistas se reuniram para desenvolver "Pesquisas sobre a sexualidade", cujos resultados apareceriam dois meses depois, com o mesmo título e sob forma de conversação com diversas vozes, no número XI da revista do grupo: *La Révolution Surréaliste*.

A conversa foi iniciada por Breton com uma pergunta: "Um homem e uma mulher fazem amor. Em que medida o homem se dá conta do gozo da mulher? Tanguy?". Antigo quesito. Respostas perplexas. Tanguy: "Muito escassamente". Interveem outras vozes. Breton comanda e avalia: "Naville considera, então, que, materialmente, o gozo da mulher e o do homem, no caso em que aconteçam simultaneamente, poderiam se traduzir na emissão de fluídos seminais confusos e indiscerníveis?". Naville confirma. Breton replica: "É impossível constatá-lo, a não ser entretendo com uma mulher relações verbais bastante discutíveis".

Nada mais é especificado: nunca saberemos o que são essas "relações verbais bastante discutíveis". Passa-se depois para a homossexualidade (aqui chamada de pederastia). Sobre a qual Queneau ousa dizer que não tem "nenhuma objeção moral". Protestos. Pierre Unik declara: "Do ponto de vista físico, a pederastia me enoja da mesma forma que os excrementos e, do ponto de vista moral, eu a condeno". Queneau rebate, dizendo que observou "entre os surrealistas um singular preconceito contra a pederastia". Nesse ponto, faz-se necessária uma intervenção de Breton, para colocar as coisas no lugar: "Acuso os pederastas de propor à tolerância humana um déficit mental e moral que tende a se erguer como um sistema e a paralisar todas as ações que respeito. Faço algumas exceções, uma fora de categoria em favor de Sade e uma, mais surpreendente para mim mesmo, em favor de Lorrain". Dúvidas sobre essas exceções: "Então, por que não os padres?". Breton pontua: "Os padres são os homens mais opostos para a constituição dessa liberdade dos costumes".

E segue-se adiante, entre sobressaltos. Prévert diz que não estaria interessado em fazer amor na igreja, "por causa dos sinos". Péret, sempre extremo, diz: "Só penso nisso e tenho uma grande vontade de fazê-lo". Breton concorda e especifica: "Desejaria que isso tivesse todas as finezas possíveis". Péret revela, então, como pretenderia agir: "Nessa oportunidade, desejaria profanar as hóstias e, se possível, depor excrementos no cálice". Mas sobre isso Breton não se pronuncia.

Passa-se para outra coisa. Constata-se que "a bestialidade não interessa a ninguém". Breton retoma as rédeas do jogo, perguntando: "Para vocês, seria bom ou ruim fazer amor com uma mulher que não fala francês?". Péret e Prévert não têm nenhuma objeção, ao contrário. Mas Breton sentencia: "Insuportável. Tenho horror às línguas estrangeiras".

Tudo isso — e mais outras coisas — na primeira noite. Seria possível facilmente continuar com a segunda, que aconteceu quatro dias depois. Porém a questão permaneceria a mesma: *certas coisas se descobrem somente quando se faz uma revista.*

Com a distância de quase um século, não se pode deixar de falar de uma desagradável afetação lírica de todos os surrealistas naquilo que então escreviam, como se um opaco diafragma lhes impedisse de reconhecer o infantilismo de suas imagens transbordantes, bem como de suas descompostas aspirações — um *Kindergarten* nas margens de uma carnificina, da qual há pouco tinham saído, enquanto uma outra estava sendo preparada.

T.S. Eliot, que era primo de Marguerite Caetani, deu início a *The Criterion* em uma situação oposta à parisiense. Para ele, em Londres não havia muitas, mas sim pouquíssimas revistas literárias, sobretudo com um perfil cosmopolita.

A primeira pessoa à qual se dirigiu foi — não é de admirar — Valery Larbaud: "Estou iniciando uma nova revista trimestral e estou lhe escrevendo na esperança de obter seu apoio. Será pequena e modesta no que concerne ao aspecto, mas acredito que seu conteúdo vá ser o que se tem de melhor em Londres... De fato, como o senhor sabe, aqui não há nenhum periódico de tendência cosmopolita de nível internacional". O primeiro texto que Eliot pedia era a conferência de Larbaud sobre Joyce.

No dia seguinte, Eliot escrevia para Hesse para lhe pedir "uma ou duas partes de *Blick ins Chaos*". E acrescentava: "O senhor não me conhece: apresento-me como colaborador do *Times Literary Supplement*" bem como "correspondente inglês da *Nouvelle Revue Française*"; enfim, como "autor de vários volumes de versos e de um volume de ensaios".

The Criterion também tinha uma dama protetora, Lady Rothermere, que Ezra Pound desaprovava (como, aliás, desprezava todo o restante da Inglaterra): "Lembre-se que nada sei sobre Lady Rothermere, com a exceção do fato que, pelo seu nome, parece ter se casado numa família que *não* se interessa pela boa literatura. Eu estou interessado na civilização, mas não consigo ver nada na Inglaterra que tenha a ver com alguma civilização futura". Pena que, na mesma carta, Pound indicasse como "verdadeira voz da Inglaterra" o *Morning Post*, jornal que atribuía toda espécie de mal a complôs judaicos.

Quando, em janeiro de 1926, *The Criterion* se tornou *The New Criterion*, passando da administração de Lady Rothermere para a de Faber & Gwyer, Eliot percebeu que cabia a ele mostrar as cartas e escreveu um ensaio que iniciava com as seguintes palavras: "A existência de uma revista literária requer mais do que uma palavra de justificativa".

Desobedecer ao *Never explain* de Disraeli é raramente propício — e não o foi nem nesse caso. Como um aluno diligente, Eliot logo se dirigiu para o caminho do bom senso. Os colaboradores não devem ser muitos, mas também não demasiadamente poucos. Outro erro a ser evitado consistiria em "incluir material demais ou representar muitos objetos de interesse que não são estritamente literários ou, por outro lado, permanecer ligados a uma concepção restrita da literatura". Não deve existir um "programa", mas sobretudo uma "tendência". Os autores devem compartilhar dessa tendência, mas também não devem estar sempre de acordo.

Até aqui, difícil objetar. Todavia a atitude equânime e muito ajuizada logo mostra alguma fissura. Primeiro, destaca-se uma fisgada em *Commerce*, mesmo sem nomeá-la, que pertenceria ao gênero da "revista coletânea", e por isso condenável, enquanto a revista que tem em mente Eliot "deveria ser um órgão de documentação. Vale dizer que os volumes encadernados de uma década deveriam representar o desenvolvimento da sensibilidade mais aguda e do pensamento mais lúcido de dez anos".

A este ponto fica cada vez mais claro que Eliot não se sustenta mais no papel de equilibrado diretor, pelo contrário: sente a necessidade de mostrar com nitidez de que lado ele está — e sobretudo quem ele *não quer* na sua revista: "Creio que a tendência moderna seja rumo a algo que, na falta de um nome melhor, poderíamos chamar classicismo". Tendência que, sob esse desajeitado e inapropriado nome, com certeza não era da modernidade, mas do próprio Eliot, naquele momento de sua vida.

Mas isso não bastava. Era preciso declarar quem se desejava seguir. E aqui, com improvisa ingenuidade, Eliot esboça duas listas, dos *bons* e dos *maus*. Os maus são os *progressistas humanitários*: H.G. Wells, G.B. Shaw, Bertrand Russell. Jogo relativamente previsível. Mas quem são os bons? Descobre-se que os primeiros dois livros aprovados são as *Reflexões sobre a violência* de Georges Sorel e *L'avenir de l'intelligence* [O futuro da inteligência] de Charles Maurras (os outros livros assinalados com aprovação eram de Benda, Hulme, Babbitt). O nome dirimente é apenas um: Maurras, porque Maurras significava a Action Française, portanto, uma versão bastante peculiar do "classicismo" defendido por Eliot. Na abertura de *Barbarie et poésie* [Barbárie e poesia], que apareceu poucos meses antes, lia-se: "Tivemos de acrescentar à crítica literária a ação em praça pública. A quem atribuir a culpa? Não dependia de ninguém se o reino bárbaro se estabelecesse fora do Espírito, na própria estrutura da Cidade. O Bárbaro em baixo, o Bárbaro do Leste, o nosso Demos acompanhado de seus dois amigos, o Alemão e o Judeu, fizeram pesar um jugo ignóbil na inteligência da pátria". No que diz respeito ao Judeu, "a palavra certa parece ter sido dita num famoso encontro entre Catulle Mendès e Jean Moréas: — *Tomar Heine por um Francês!*, dizia o Judeu escandalizado. — *Não tem nada de francês*, replicava o Helênico, deliciado. — *Mas*, observava Mendès, *ele nem é Alemão!* — *A verdade...*, começou, hesitando um pouco, Moréas. — *O fato é que é Judeu*, lançou Mendès. — *Não ousava dizer-lhes isso*, respondeu Moréas".

Eliot não se propunha, com certeza, como Maurras, a "acrescentar à crítica literária a ação em praça pública". Mas, no que concernia aos Judeus, consta que concordava com Maurras. De sua parte, Valéry, que Eliot considerava uma "mente profundamente destrutiva, até mesmo niilista" (mas isso não o impedia de pensar que fosse "o símbolo do poeta na primeira parte do século XX — não Yeats, não Rilke, nem nenhum outro"), Valéry, justamente, teria continuado a comandar o destino da coletânea *Commerce* sem cair na armadilha da *tomada de posição*. Inclusive o "classicismo" não era fórmula adaptada para ele. Todavia *The New Criterion*, até seu fim em 1939 (quando a tomada de posição se tornou um fato obrigatório), continuou a "ilustrar, dentro de seus limites, a época e as suas tendências".

É possível se perguntar quando e como surgiu esse personagem numinoso e ominoso que foi *a mulher surrealista*. Um ponto de partida encontra-se na página 17 do primeiro número de *La Révolution Surréaliste*: uma sequência de pequenas fotos quadradas de 28 jovens homens, em ordem alfabética. No centro, maior e sempre na forma de um quadrado, a foto de uma mulher sem nome. Abaixo se lê, em itálico: "A mulher é o ser que projeta a maior sombra ou a maior luz nos nossos sonhos. Ch. B.", vale dizer, Charles Baudelaire, primeiro entre os videntes.

Quem são os 28 homens? Os surrealistas do momento, com três de seus grandes protetores: Freud, De Chirico, Picasso. No segundo lugar, em sequência, Ar-

taud "bonito como uma onda, simpático como uma ca-
tástrofe", segundo Simone Kahn, mulher de Breton. E
depois Crevel, "o mais bonito dos surrealistas"; Carrive,
o mais jovem entre os surrealistas (com dezesseis anos);
mais para o fundo, Man Ray e Savinio.

Mas quem é a mulher no centro, numa foto de
prontuário policial? Olhar melancólico e lancinante. É
Germaine Berton, hoje definida nas enciclopédias "ope-
rária, sindicalista, anarquista". No dia 22 de janeiro de
1923, havia matado Marius Plateau com um tiro de pistola, na sede da Action Française em que era secretário.
Morto por engano. A autora do atendado mirava alguém mais importante, Maurras ou Léon Daudet —
ambos chefes políticos, mas originalmente escritores
influentes.

Durante o processo pelo assassinato, Aragon escreveu, para defender a acusada, dizendo que era legítimo
"recorrer aos meios terroristas, em particular ao assassinato, para salvaguardar, com o risco de perder tudo, o
que parece — com ou sem razão — precioso para além
de tudo no mundo". Germaine Berton foi absolvida e
em 1924 se dedicou a uma série de conferências, que
causaram tumultos e provocaram uma nova prisão.
Não se sabe muito sobre sua vida posterior, até o suicí-
dio em 1942.

O astro da *mulher surrealista* surgia com um halo de sangue e de morte. Mas havia também uma alternativa na imagem. Nessa mesma edição de *La Révolution Surréaliste*, logo na página quatro, era reproduzida a magnífica foto feita por Man Ray do torso nu e acéfalo de Lee Miller, zebrado de sombras. A *mulher surrealista* seria formada pelo olhar alarmante de Germaine Berton e pelo torso reconhecível de Lee Miller.

No dia 15 de outubro de 1924 foi concluída a impressão do *Manifeste du surréalisme* de Breton e três dias depois aparecia um panfleto de vários autores, intitulado *Un cadavre*, com um texto de Breton.

O que havia acontecido nesse meio-tempo? O funeral de Anatole France. Janet Flanner, a cronista mais eficaz e mais chique desses anos em Paris, com suas matérias para a *New Yorker*, anotou: "Lembro que durante as exéquias de Anatole France, a primeira dessas cerimônias solenes que eu já vi, o cortejo fúnebre foi acompanhado pelas ruas por um grupo de Surrealistas derrisórios, que desprezavam sua popularidade e seu estilo literário e gritavam insultos à sua memória (*Un cadavre littéraire!*) em uníssono, a cada passo do percurso. Foi talvez a primeira de suas sádicas manifestações na rua e foi considerada um escândalo, dado que Paris havia muito tempo era conhecida pelo grande apreço que reservava às figuras intelectuais".

Breton participou do panfleto surrealista com um breve texto do qual devia estar orgulhoso, retomando-o em *Point du jour*, e no qual se lia que, antes de mais nada, o ano de 1924 podia se considerar feliz porque tinha visto a morte de Loti, Barrès e France: "O idiota, o traidor e o policial". Mas isso não bastava: "Com France também se vai um pouco de servilismo humano. Que seja uma festa o dia em que se enterra a astúcia, o tradicionalismo, o patriotismo, o oportunismo, o ceticismo, o realismo e a falta de coração! Lembremos que os mais vis comediantes do nosso tempo viram em Anatole France um compadre e não lhe perdoamos ter adornado com as cores da Revolução a sua inércia sorridente. Para ali encerrar seu cadáver, que se esvazie — se assim desejar — uma daquelas barracas daqueles seus velhos livros 'que tanto amava' e se jogue tudo no Sena. Como morto, esse homem não deverá mais produzir outra poeira". Na história bastante compósita das vanguardas, talvez nunca se tenha tocado um ponto de igual baixeza.

A algazarra surrealista para os funerais de Anatole France tem como contraponto, cinco anos depois, com o fim da década e de um inteiro modo de vida, o silêncio concernente às exéquias de Hofmannsthal, talvez o único escritor que poderia ter sido definido como *europeu*, entre os muitos que o pretendiam. Rudolf Kayser deu seu relato para a *Bifur*, que aspirava a rivalizar com *Commerce*: "Assistíamos aos funerais de Hugo von Hofmannsthal. Numa pequena igreja barroca de aldeia, estávamos ali, de preto e em silêncio diante daquele caixão, ao redor do qual reinavam fúnebres e graves o incenso, a música, o catolicismo. Depois saímos num dia tórrido de verão. O poeta morto e o amigo nos guiavam, pequeno cortejo de homens vestidos de preto. Mas o povo tinha se posicionado nas bordas, havia milhares de homens, mulheres, crianças que fluíram conosco rumo ao cemitério. Não sabiam nada sobre ele, nada mais do que seu destino e seu nome. Na borda da fossa, ao lado dos sacerdotes, havia alguns cinegrafistas que filmavam. Esse foi o nosso adeus".

O que acontecia antes de a palavra "revolução" — no momento irresistível — se impor no título e exigir no final ser servida (*Le Surréalisme au service de la Ré-*

volution é de 1929)? Acontecia *Littérature*: revista mensal, primeiro número em março de 1919, uma gráfica não memorável, título sublinhado, poemas em itálico, prosas em redondo. Olhando retrospectivamente, Breton pretendia que o título fosse entendido "por antífrase e em um espírito de derrisão". Depois do choque de Dada, desembarcado havia pouco de Zurique, nada podia ser tratado com obrigatório respeito — e em primeiro lugar a literatura.

Mas não era assim. Ao contrário: aqui tudo tem o ar de um conciliábulo astuto entre poderes adquiridos e poderes emergentes, entre notáveis e novas levas. Basta passar pelos nomes do índice do primeiro número: Gide, Valéry, Fargue, Salmon, Jacob, Reverdy, Cendrars, Paulhan, Aragon, Breton. Estão todos ali, os que teriam continuado a existir por mais vinte anos, inimigos e amigos, *seniores* e subversivos, neoclássicos e pressurreais. E tem um sábio jogo nas primazias. Na ponta, Gide e Valéry, que já eram nomes estabelecidos. Depois os outros em ordem aleatória, até Breton, que já aspirava a reger o jogo. E é desconcertante ler o número de uma vez só, sem pular nada. No início, Gide exibe fragmentos do novo *Os frutos da terra*, com uma epígrafe em negrito, imperiosa, que permanecerá cara aos cultores do *bonheur*, mote ideal para os juízes por vir: "*Que l'homme est né pour le bonheur,/ Certes toute la nature l'enseigne*" [Que o homem nasceu para a felicidade/ Com certeza toda natureza ensina isso]. Depois o "Cantique des colonnes" de Valéry, que soa agora aceitavelmente vazio.

Mas tentemos passar o olho no restante — e pouco a pouco se confirma uma sensação constrangedora: é como se tudo fosse traçado por uma mesma mão — uma mão que não se sobressaía pelo talento. Também Fargue ou Cendrars, que dificilmente se deixavam confundir com outros, acabam por ficar achatados, aplainados, como se tivessem vestido um uniforme de ordenança. Todos têm em comum o uso improvidente de imagens acumuladas e a incapacidade de definir do que é que se está falando. Depois de exatamente um século, pouco resta daquela *Littérature* que se faça ler. Ao passo que ainda chama a atenção o aspecto diplomático: a foto de grupo, momentânea convergência de certos nomes que logo teriam repartido a cena, com um equilibrado jogo de trocas, inclusões e exclusões.

A *regra do bom vizinho* não se aplica somente para as bibliotecas, mas também para as revistas. Aliás, pode ser um critério para testar sua natureza ou qualidade. Cada número de uma revista pode ser observado como um todo, em que vozes diferentes se intersectam e se sobrepõem no interior de uma paisagem pré-constituída, com suas sebes, caminhos, fontes e zonas selvagens.

E, com o tempo, a fisionomia dos lugares pode também se transformar radicalmente, como num jogo zombeteiro. *Littérature*, que alguns de seus autores acreditavam ser um negócio arriscado e desastroso, revela-se, no final, uma coletânea de textos líricos brandos, em que o coeficiente de novidade era praticamente inerte e, sobretudo, enfadonho.

Era a época das *plaquettes*, aqueles livros finos que não passam das cem páginas, às vezes inferiores às cinquenta, com acabamentos gráficos frequentemente elegantes, impressos em poucas cópias, em geral numeradas, por editores que só se dedicavam a isso (Au Sans Pareil, K, GLM, L'Âge d'Or, entre outros), um pulvísculo flutuante ao redor dos livros normais, que se encontravam nos balcões de todas as livrarias. Os autores podiam ser autores de várias *plaquettes* e de nenhum livro. Já havia os colecionadores — de *plaquettes* e de autógrafos. Max Jacob era surpreendido ao copiar com diligência e em vários exemplares uns poemas seus, que deviam depois ser oferecidos como versões originais para alguns amadores à espera. E, sobretudo, eram procurados os *grands papiers*, as cópias raras em papel especial. Foi esse o último período de um mercado editorial paralelo e morganático, do qual por muito tempo viveram vários antiquários do novo, em cujas lojas, devotas ao pergaminho, muito havia a ser descoberto. Como que embalsamadas, essas *plaquettes* reapareciam depois nas vitrines da Hune, sabiamente dispostas, quando mês após mês era redescoberto alguém, que podia ser Artaud ou Crevel ou Desnos ou Vaché ou Cravan. Foi um longo rastro de papel que continuou a florescer até o final dos anos 1970.

Commerce acaba em 1932. Mas seu modelo, sobretudo tipográfico, continua a se propagar por todos os anos da década de 1930. O formato tendente ao quadrado, o título alusivo e isolado na folha de rosto, a ausência de qualquer tipo de premissa, os nomes dos diretores no verso da folha de rosto, a mistura entre os novos textos predominantes e, em todo número, algo do passado, também oriental: são características de *Commerce* que retornam em *Bifur* e *Mesures*. Como acontecia para *Commerce*, tanto *Bifur* quanto *Mesures* apostarão também em escritores estrangeiros até então ignorados na França, que se tornam uma espécie de emblema da revista: Gottfried Benn para *Bifur*, já no primeiro número, com "Élément premier"; Kaváfis para *Mesures*, introduzido por Yourcenar como "um dos poetas mais célebres da Grécia moderna, e mesmo assim um dos maiores, bem como o mais sutil, e talvez o mais singularmente novo, e, ao mesmo tempo, cheio de riquezas do passado", logo seguido, por uma feliz combinação, pelo *Monte Análogo* de Daumal.

E o caráter cosmopolita se declara na lista dos "conselheiros estrangeiros" de *Bifur*: Bruno Barilli, Gottfried Benn, Ramón Gómez de la Serna, James Joyce, Boris Pil'niak, William Carlos Williams (mas, pelo que consta, só este último dava à revista uma contribuição reconhecível). A lista é variada e excelente, mas ser cosmopolita nunca é fácil.

Nino Frank, o verdadeiro fabricador da revista junto com Ribemont-Dessaignes, estava pensando em passar um tempo em Berlim, por razões sentimentais, quando chegou a notícia do incêndio do Reichstag. Era um bom pretexto para se fazer pagar uma matéria pelo *Paris Journal*. Mas — Frank quis especificar — na própria manhã da partida, eu "já tinha esquecido o motivo oficial da minha viagem". Viu-se no avião como o único passageiro. Em Tempelhof, logo o detiveram para interrogá-lo, bruscos e corteses.

Berlim revelou-se para ele como uma cidade de homens que "passavam, assim me parecia, sem olhos, tirando algumas mulheres, ainda abandonadas e nervosas", enquanto se ouvia um ruído de fundo: as caixas metálicas sacudidas pelas s.a. que impunham doações. Antes de seu retorno, Frank achou que lhe faltava uma última visita, sempre ligada a *Bifur*. Lembrava: "Alguns anos antes, um senhor digno e corpulento, careca, olhos protegidos por óculos com armação de ouro, tinha tocado à minha porta, eu sempre de mau humor para com os inoportunos. Não conseguíamos nos entender, porque ele falava somente a sua língua, e eu, tudo menos o alemão. Era Gottfried Benn, com o qual eu me correspondia e com quem, na falta de algo melhor, troquei fortes apertos de mão".

Frank sabia, de Benn, que era "o único poeta do seu país que tinha, por volta do início dos anos 1930, alguma densidade, que publicava pouco e coisas de uma incandescência bastante glacial. Intraduzíveis, explicavam-me, e a mesma coisa se dizia, mais ou menos nos mesmos anos, de Boris Pasternak". Convidado a ir à sua casa, Frank se viu "numa rua pobre onde ele morava e onde, no portão, li que estava tocando no escritório do doutor Gottfried Benn, especialista em doenças venéreas. Uma enfermeira me conduziu até o seu consultório, onde revi, vestido com um longo jaleco branco, o homem de óculos de ouro: suas maneiras eram amigáveis e vagamente cerimoniosas e, entre um paciente e outro, tivemos uma conversa singular". Frank queria saber algo sobre o estado das coisas na Alemanha, Benn falava do seu "itinerário poético". Às vezes se interrompia, "lançando-me um olhar um pouco sombrio, depois recomeçava a falar de Dehmel ou de Hofmannsthal... 'Pessimismo heroico', dizia em francês, com um sotaque laborioso. Como eu logo aproveitava para mencionar novamente Hitler e o Reichstag, ele afastava esses nomes, com um gesto um pouco irritado, depois, vendo-me tocado, aludia ao fato de que era o caso de deixar acontecer, aceitar sem bater os pés, ver se aqueles lá não seriam capazes de fazer melhor do que os outros". Mas alguma coisa não se encaixava naquela conversa. Então, com "uma pirueta inesperada num personagem tão solene", Benn se pôs a falar de gonococos e treponemas. A sífilis, dizia, não era um grande problema, enquanto a blenorragia sim. Enquanto isso, "os vidros vibravam fortemente com o ronco dos motores do aeroporto ali perto".

A política pressionava. Já em dezembro de 1930, Hitler tinha aparecido em *Bifur*, sob forma de gralha.

"De um lado, a multiplicação dos partidos burgueses e sua derrota; do outro, a expansão do movimento de Hitler foram as características das eleições do Reichstag": lia-se assim no artigo de Weiskopf sobre as últimas eleições alemãs, na abertura do número, primeira intrusão da atualidade na revista. Weiskopf era membro da Associação dos Escritores Proletários e seu artigo muito provavelmente havia sido imposto por Pierre G. Lévy, financiador da revista, que, como burguês de posses e devoto do moderno, "pendia sempre mais para o marxismo militante" (palavras de Ribemont-Dessaignes). Mas, ao mesmo tempo, em seu impávido esnobismo, havia começado a revista para se assimilar, de alguma forma, à princesa de Bassiano, que regia *Commerce*.

Também outros mordiam o freio, ávidos por truculências políticas. Poucas linhas depois do artigo de Weiskopf, encontrava-se Pierre Nizan, com 25 anos, que se definia "filósofo, viajante e comunista" e escrevia: "Mas por qual motivo deveria esconder o meu jogo? Digo simplesmente que há uma filosofia dos opressores e uma filosofia dos oprimidos". Eram os ventos dos anos 1930. Tudo soava estridente. Estava em curso uma grande competição para ver quem conseguia oprimir melhor, sempre em nome de alguma opressão sofrida.

O número seguinte de *Bifur* se abria com a tradução de "O que é a metafísica?" de Heidegger, assinada por Henry Corbin e introduzida por Koyré com as seguintes palavras: "No firmamento filosófico da Alemanha, a estrela de Heidegger brilha com um esplendor de primeira grandeza. Segundo alguns, nem sequer é uma estrela, mas um sol novo que surge e, com a sua luz, eclipsa todos os seus contemporâneos". Muitos e muito diferentes eram os jogos simultâneos.

Havia também o anúncio de um Grande Jogo que ainda está em aberto: "*Le Grand Jeu* é irremediável; joga-se uma única vez. Nós queremos jogá-lo a cada instante da nossa vida. E, além disso, é um jogo em que 'quem perde vence'. Porque a questão é se perder. Nós queremos vencer. Agora, *Le Grand Jeu* é um jogo de azar, ou seja, de destreza, ou melhor, de 'graça': a graça de Deus e a graça dos gestos". São palavras de Gilbert-Lecomte, com as quais se dá início ao primeiro número de *Le Grand Jeu*, no inverno de 1928. Palavras que fogem à teia de aranha surrealista. De repente aparece a "graça de Deus" — impensável em outro lugar — e a "graça dos gestos". Foi esse o ponto que mais deixou indignados Breton e Aragon, momentâneas reencarnações de Monsieur Homais, e transformou, aos seus olhos, os meninos do "Grand Jeu" (Daumal tinha vinte anos, Gilbert-Lecomte, 21) de possíveis aliados em seguros réprobos. A acusação mais pesada feita para atingir a revista foi "um uso constante da palavra 'Deus' agravado do fato que em um dos artigos se especifica que se trata exatamente de um único Deus em três pessoas". Acusação à qual se acrescentava "uma frase lapidária concernente à preferência dada para Landru, e não para Sacco e Vanzetti".

Havia algo de radicalmente divergente, já pronto para a fuga, que aqui tocava. Não mais a disputa literária — e nem o choque entre as seitas da vanguarda —, mas a remissão a uma "experiência fundamental", como a chamará Daumal, da qual devia descender todo o resto, inclusive a escrita. E obviamente a própria revista.

Do *Grand Jeu* apareceram somente três números e a revista fechou no outono de 1930. Mas desde as primeiras linhas se sentia um "ar de outros planetas". Era uma publicação que se despedia do mundo das revistas. E, especialmente, destacava-se, antes mesmo de ser expulsa daquele mundo, do clima surrealista, que já impregnava tudo (um tudo em larga medida coincidente com o Sixième arrondissement). Se se deseja o sinal definitivo dessa separação, é possível encontrá-lo em duas páginas de Daumal publicadas no número ii do *Grand Jeu* com o título "Ainda sobre os livros de René Guénon". Nelas se lia que Guénon, "se fala do Veda, pensa o Veda, é o Veda". Palavras que, mais do que uma descrição de Guénon, preanunciavam o que Daumal teria sido, como intérprete e tradutor de textos sânscritos, até o fim.

Mas por que acabou a temporada das revistas? Principalmente porque decaiu — atenuando-se, tornando-se vã — a atração irresistível do *novo*. "*Au fond de l'Inconnu pour trouver du nouveau*" [E no Desconhecido para achar o novo]: é sempre um verso ou uma frase de Baudelaire que marca os traços essenciais do Moderno. O *novo* que procurava e encontrava Marguerite Caetani no início de *Commerce* não era o mesmo *novo* que ela própria buscava e, ademais, não encontrava 25 anos depois, no início de *Botteghe Oscure*. Todos continuavam a *ter uma pose* do novo, mas isso já era um sinal de reconhecimento mundano. E, mesmo quando o novo tinha sido realmente *novo*, nem sempre era o que pretendia. Com a distância aproximada de um século, chama a atenção o fardo do *velho* que girava em torno de cada vanguarda. Havia uma liga entre arte e esnobismo que sustentava tudo. Depois a liga, pouco a pouco, desagregou-se. Procediam "levando

consigo o próprio cadáver nas costas", disse Gilbert-
-Lecomte, potencialmente o mais lúcido entre os mu-
tantes. Era necessário "mudar de plano", disse Daumal, o
primeiro que conseguiu esse feito, dedicando-se a na-
vegar rumo ao monte Análogo. Chegados nesse ponto,
não se falava mais de revistas literárias — e não havia
mais necessidade delas.

Obviamente naqueles anos, entre 1920 e 1940, flo-
resciam notáveis revistas, inclusive em outros países, na
Alemanha, Inglaterra, Itália, Estados Unidos. Mas em
Paris havia uma concentração no espaço que não encontrava equivalência em nenhum outro lugar. Tudo
acontecia no recinto do Sixième, com ocasionais capítu-
los no Septième e no Cinquième. Dizia-se que os reda-
tores de *Bifur* só precisavam passar todos os dias nos ca-
fés Flore e Deux Magots para montar os sumários da
revista.

Cioran contava que uma amiga sua, turbinosa e tor-
mentosa, deixara de repente Paris e por anos não dera
notícias. Finalmente, chegou-lhe uma carta dela, em
que a amiga tentava resumir o que tinha acontecido
nesse ínterim em sua vida. Depois perguntava para Cioran o que lhe havia acontecido nesses anos. Cioran res-

pondeu-lhe com um cartão-postal lapidário: "Passei do Cinquième para o Sixième".

E houve outras ramificações significativas nas revistas parisienses dos anos 1930. Cada uma era uma variante: antropológica (no sentido de Mauss) com *Documents* de Bataille, militante-delirante com *Acéphale*, autocelebrativa do modernismo com *Minotaure* (com base na Skira de Genebra, mas mesmo assim sempre parisiense), filiação de *Commerce* com *Mesures*. Mas o conceito e o subentendido da revista feita por poucos e para poucos, com ambições totais e ilimitadas, permaneciam adquiridos. E isso, justamente, se perdeu progressivamente, até se dissolver, depois de 1945. A tendência era não ter mais um tecido comum. A literatura se preparava para se tornar o que teria sido no novo milênio: um fato de indivíduos, tenazmente separados e solitários.

No número 1, março de 1964, de *Art and Literature*, que se definia "*A International Review*" e de fato o era, apareceu um texto de Cyril Connolly que se lê como um epicédio das revistas literárias ("Fifty Years of Little Magazines"): "As revistas literárias são polinizadoras de obras de arte: sem elas, as correntes literárias e, no fundo, a própria literatura não existiriam. Boa parte da poesia de Yeats, Eliot, Pound e Auden apareceu pela primeira vez em revistas, assim o foi também para o *Retrato do artista quando jovem* e para *Ulysses*, para *Finnegans Wake* e quase todos os contos de Hemingway. Uma boa revista mantém juntos os escritores, mesmo os mais isolados, e os coloca na posição de influenciar seu tempo, e quando este chega ao fim, dedica-lhe um número especial, como uma digna cerimônia fúnebre.

"Há dois tipos de revistas, as dinâmicas e as ecléticas. Algumas florescem com base no que incluem, outras com base no que excluem. As dinâmicas têm uma vida mais curta, e é ao redor delas que fascínio e nostalgia se cristalizam. Se duram demais, tornam-se ecléticas, enquanto raramente acontece o contrário. As revistas ecléticas também pertencem a seu tempo, mas não podem ignorar o passado nem opor resistência a uma boa caneta da parte adversária. Um diretor dinâmico guia a sua revista como um comando de homens seletos, adestrados para assaltar a estação inimiga. O eclético, ao contrário, é como o proprietário de um hotel que ocupa todos os meses os quartos com uma clientela diferente.

"Para dar alguns exemplos: o *Yellow Book* era eclético; o *Savoy*, dinâmico; a *Little Review*, dinâmica; o *Dial*, eclético; a *Transition*, dinâmica; a *Life and Letters*, eclética (assim como a *Criterion* e a *London Mercury*); as *Soirées de Paris*, dinâmicas; a *Nouvelle Revue Fran-*

çaise, eclética; as *New Verse* e *New Writing* (até 1940), dinâmicas; a *Horizon*, eclética; a *Verve*, eclética; a *Minotaure*, dinâmica etc. Um diretor eclético sente ter de preservar certos valores, reavaliar grandes escritores, reexumar outros. Um diretor realmente dinâmico, ao contrário, ignorará o passado por completo: sua revista terá vida breve, seus autores serão violentos e obscuros. O eclético correrá sempre o risco de se tornar complacente e conformista: vai durar por muito tempo e pagará também melhor. A maior parte das revistas trimestrais é eclética: tem muitas páginas e o passar do tempo parece afetá-la menos."

Muito pouco se teria a acrescentar, depois de quase sessenta anos, a não ser que se tornou improvável também a existência de uma revista congenial que acolha um epicédio semelhante, bem fundado nos fatos, uma vez que Connolly tinha dirigido *Horizon* entre 1939 e 1949, portanto, nos anos finais dessa breve história que tem a vantagem de se apresentar com um início e um fim bem definidos, como certos contos de Hawthorne.

III

NASCIMENTO DA RESENHA

As origens dos gêneros literários são em boa parte envoltas pela névoa. Temos os 1028 hinos do *Ṛgveda*, mas ninguém ousaria dizer o que os precedeu. Temos a *Ilíada* e fragmentos de poemas do "ciclo épico", mas também o mais temerário dos estudiosos de Homero não chegaria a identificar qual teria sido o primeiro epos grego. Contudo, há um gênero literário menor — e hoje, muitas vezes, considerado com suficiência e impaciência — para o qual podemos estabelecer com certeza inclusive sua data de nascimento: a resenha. A data é 9 de março de 1665, quando o *Journal des Savants* publicou uma breve resenha — modelo para todas as seguintes — escrita por Madame de Sablé sobre um livro que, daquele dia a hoje, teve grande sucesso: as *Reflexões ou sentenças e máximas morais* de La Rochefoucauld. livro se mostrou assim para o mundo, segundo as pavras de Sainte-Beuve: "Os jornais falaram dele; qua digo *jornais*, é preciso entender o *Journal des Savants*, o único então fundado, e, além do mais, há poucos meses". Para ser mais exato, há três meses. O artigo de Madame de Sablé, em sua versão originária, não é mais longo do que uma página e meia impressa e seria difícil encontrar um exemplo de resenha mais perfeito, mais pontual e mais iluminado. Mas no *Journal des Savants* não apareceu naquela versão, mas sim numa versão *corrigida* — e corrigida pelo próprio autor do qual falava.

La Rochefoucauld e Madame de Sablé eram ligados por forte amizade e cumplicidade. Com isso se deu que Madame de Sablé não apenas fez copiar as *Reflexões ou sentenças e máximas morais*, fazendo-as circular manuscritas, entre mil artimanhas e falsas cautelas, num círculo de certos leitores e leitoras, mas teve também a amabilidade de submeter ao autor em questão a sua resenha logo que foi escrita. Ela conhecia tão bem seu amigo a ponto de não ter dúvida de que ele teria algo a dizer, mesmo sendo a resenha um bordado de elogios. Quando enviou o texto a La Rochefoucauld, mandou junto um bilhete em que alcançou a sumidade sem igual das *maneiras* (e da elegância, bem como da afetuosa ironia) que um crítico pode mostrar para com um autor sobre o qual escreve: "Envio-lhe o que pude tirar da minha cabeça para o *Journal des Savants*. Inseri aquele trecho ao qual você é tão sensível... e não tive temor em colocá-lo por estar certa de que não o fará publicar, mesmo se o resto lhe tenha agradado. Asseguro-lhe que ficaria mais agradecida se o usasse como sendo uma coisa sua, corrigindo-o ou jogando-o no fogo, do que se fizesse a ele uma honra que não merece. Nós outros grandes autores somos demasiadamente ricos para temer perder algo das nossas produções...". Não se sabe o que mais admirar, nesse bilhete de grande sabedoria, mas talvez o primado deva ser dado ao uso inopinado da palavra "produções".

Madame de Sablé havia impecavelmente adivinhado qual teria sido o comportamento do seu caro amigo resenhado. Sainte-Beuve o relatou tal como um pérfido, seco cronista: "M. de la Rochefoucauld, que tanto mal falou do homem, revê ele mesmo seu elogio para um jornal; elimina somente aquilo que não lhe agrada. De fato, o artigo é inserido no *Journal des Savants* de 9 de março; e, se o compararmos com o projeto, o trecho que Madame de Sablé definia *sensível* desaparece. Nada permanece deste segundo parágrafo: 'Uns acreditam que seja um ultraje aos homens dar uma figuração deles assim tão terrível, e que o autor não pôde buscar o original senão em si mesmo. Dizem que é perigoso trazer à luz pensamentos de tal gênero e, uma vez mostrado tão bem que não se fazem boas ações senão com base em maus princípios, não nos preocuparemos mais em buscar a virtude, porque é impossível possuí-la fora do campo das ideias'". O que La Rochefoucauld tinha apagado eram as linhas mais significativas — e definitivas — da resenha. Mas, mesmo nas intervenções menores, que o autor não poupou, tratava-se sempre de correções precárias. Lá onde Madame de Sablé falava de "uma tão grande penetração em conhecer o verdadeiro estado do homem", La Rochefoucauld substituía por uma versão banal: "Uma tão grande penetração no destrinchar a variedade dos sentimentos do coração do homem". E, como que já montando um *quote* para citar depois na capa do livro numa edição por vir, o autor torcia outra frase de Madame de Sablé transformando-a na seguinte: "As pessoas criteriosas encontrarão aqui uma quantidade de coisas muito úteis". No esforço de *melhorar* o que já era excelente, La Rochefoucauld acabou por expurgar a frase mais memorável da resenha, que a abre como um bater de pratos: "É um tratado dos motes do coração do homem, que se pode dizer serem-lhe desconhecidos até este momento". Nada de mais radical e ousado se poderia escrever das *Maximes* de La Rochefoucauld. Mas o autor da obra não hesitou em apagar justamente essas palavras. Talvez para evitar que assustassem, inclusive a ele mesmo.

IV

COMO ORGANIZAR UMA LIVRARIA

Quando fui convidado para falar nesta ocasião, lembrei que algo semelhante havia acontecido exatamente quinze anos atrás. Naquela vez, tinha falado de um tema muito caro a todos os livreiros e frequentadores de livrarias: a variedade. Hoje gostaria de falar para vocês de como organizar uma livraria. Os dois temas em boa parte se sobrepõem. E, lendo a transcrição do que eu dizia quinze anos atrás, me dei conta de que os argumentos ficaram praticamente iguais, até porque as coisas essenciais têm uma estranha tendência a não mudar. Depois percebi, com um leve sobressalto, que no discurso de então faltavam duas palavras que nesse ínterim ocuparam obsessivamente a cena: e-book e Amazon. Faltavam porque não existiam. É só a partir de 2010 que essas duas palavras se tornaram dominantes. Por isso, se os argume

até permanecer intactos, a

mo se viessem da outra borda de uma fenda geológica profunda e obscura. É evidente que algo de desestabilizador havia mesmo acontecido nesses anos.

Vamos começar pelo caso, de longe, mais simples: o e-book. Objeto de uma enfatuação coletiva, por algum tempo floresceu como uma exuberante planta tropical para depois murchar de forma igualmente rápida. Hoje se tem como certo que o livro digital é uma modalidade de leitura como as demais e continuará a subsistir, sem, contudo, danificar de forma irreparável o livro de papel, como alguns esperavam e como, ao contrário, aconteceu com a indústria fonográfica sob o choque dos meios eletrônicos. Em retrospecto, é possível dizer que, por algum tempo, o e-book deu, sobretudo, a chance para muitos de enunciar bobagens de todo tipo. Lembro-me de uma voz e de uma noite de verão, numa casa em estilo californiano de uma ilha grega em boa parte desabitada. A voz era a de uma senhora relativamente abastada, de muitas nacionalidades, que declarava o seu entusiasmo pelos e-books, porque a permitiriam fazer uma *boa limpeza* na casa, eliminando de uma vez por todas aqueles incôngruos objetos de papel que despontavam em cada canto e atraíam poeira: os livros.

No que diz respeito a Amazon, o caso é bem mais complicado e bem mais relevante. E aqui é preciso dar um passo para trás. Quando apareceram os primeiros livros Adelphi, em 1963, ninguém imaginava que meio século depois a maior concentração de dinheiro derivaria não do petróleo, mas da publicidade. Ponto que mesmo os senadores americanos tinham dificuldade em entender até poucos meses atrás, quando Mark Zuckerberg pronunciou as três palavras que se tornaram o próprio emblema do terceiro milênio: "*We run ads*" [Temos publicidade]. Essas palavras eram a resposta para um senador que não conseguia compreender como o Facebook ganhava dinheiro; aliás, muito dinheiro. Igualmente inimaginável era o fato de um revendedor de artigos variados ter se tornado o homem mais rico do mundo. Não era uma estranheza, mas uma entre as muitas consequências do início da era digital.

Com sólidos argumentos, grande parte da humanidade, no Oriente como no Ocidente, dedica-se hoje a comprar uma enorme quantidade de artigos variados e de serviços por via eletrônica, em períodos muito curtos. Amazon se tornou o emblema dessa mutação — e é eloquente o fato de suas primeiras aplicações serem reservadas aos livros, terreno economicamente modesto, em que as compras exigiam, não raro, pesquisas acidentadas e frustrantes. O que aconteceu com os livros é, portanto, apenas uma fração de um processo irrevers vel e unilateral, que só pode se aperfeiçoar. Qualquer tentativa de oposição a esse processo é puro *wishful thinking*, ancorado em avaliações ilusórias das forças em campo. Nunca nenhuma cadeia de livrarias poderá competir com os imensuráveis estoques da Amazon e com sua capacidade de fornecer o produto em prazos mínimos. E isso tem evidentes consequências para as livrarias. Contudo não as consequências temidas inicialmente. As empresas que correm mais riscos hoje são as maiores, que de um dia para outro se mostram insuficientes pois *não são suficientemente grandes*. Por outro lado, se crescessem ainda mais, alcançariam dimensões despropositadas para o mercado dos livros, que é de toda forma um mercado pequeno e aspira, no máximo, a permanecer estável. A essa altura, já deveria ser evidente que a mudança radical no mundo dos livros não é senão o contragolpe de uma mudança bem mais ampla, que, de fato, tem a ver com tudo.

Hoje o livro é algo que vive nas margens — e quase de reflexo —, em relação a um magma em perpétua mudança, que se manifesta *em telas*. Que se trate de telas e não de folhas de papel é uma diferença gnosiológica, não funcional. Será necessário tempo para que se comece a entender o que acarretou, no aparato do conhecimento, esse deslizamento da página para a tela. E como isso tenha conduzido a um progressivo esvaziamento de qualquer possibilidade de olhar para o mundo como para um *Liber mundi*, mesmo se esse modo de olhar permanece subentendido no nosso passado mais iluminante, pelo menos até às *correspondances* de Baudelaire. Esse processo global repercute a olhos vistos também nos próprios livros que são escritos hoje. Os escritores já são considerados um setor dos *produtores de conteúdos*, e muitos estão satisfeitos com isso. Mas isso pressupõe a obsolescência da forma. E onde não tem forma não tem literatura. Isso ajuda a entender aquela sensação de angústia e de curto fôlego que apenas a literatura do novo milênio pode provocar. Para se ter uma noção, seria suficiente comparar os livros dos últimos vinte anos com os que apareceram nos primeiros vinte anos do século XX. Comparação cujo resultado seria esmagador, desfavorável para o presente.

Como se traduz tudo isso no dia a dia de um livreiro? Comecemos pelo primeiro passo: entra-se numa livraria, olha-se ao redor. Se não se deseja somente comprar um determinado livro, mas também ver quais outros livros são oferecidos, logo nos vem um questionamento: qual critério pressupõe a organização e a dis posição dos livros? E aqui se realiza uma primeira e decisiva divisão: a livraria em que nos encontramos é uma revenda de artigos variados, prevalentemente de papel, correspondentes a supostos pedidos dos compradores? Ou também é algo a mais? Para entender isso, é preciso se fazer outra pergunta: essa livraria pressupõe uma noção daquela entidade sem margens, sempre mal definida e sempre dirimente, que se costuma chamar de *literatura*? Se a livraria tem a ver com a literatura, a coisa só poderá se mostrar evidente, de diversas formas, pela organização e pela disposição dos livros.

E se é uma revenda de artigos variados, como hoje tende a ser qualquer cadeia? Por mais variada que seja a oferta, será sempre bem menor do que a que está disponível na Amazon. Todo grande estoque será sempre, em comparação, um minúsculo estoque. E o tempo e o cansaço exigidos para conseguir os vários artigos tenderão sempre a diminuir em favor da Amazon. Consequência imediata: a livraria como grande empório, em que, via de regra, se encontra de tudo, não parece ter um futuro brilhante. Mas o que vai acontecer com o outro tipo de livraria, que pressupõe a noção de literatura? Para essa livraria se abre um único caminho: apostar em algo que or via eletrônica não se pode conseguir: o contato físico com o livro e a *qualidade*. E o que é a qualidade? Não há pergunta mais difícil do que essa. No célebre romance de Robert Pirsig, *O Zen e a arte da manutenção de motocicletas*, um dos mais memoráveis da segunda metade do século XX, um pai e um filho atravessam os Estados Unidos de motocicleta tentando entender o que é a qualidade com base no *Fedro* de Platão. E não chegam a nenhum resultado certeiro, exatamente como os neurocientistas de hoje, que escrevem sobre os *qualia*, mas não chegaram a nos dizer nada de essencial. E, contudo, a qualidade — inalcançável, indefinível, elusiva — continua a ser uma presença constante naquilo que qualquer um vive. A qualidade *qualifica* cada instante, como a linguagem nos obriga a dizer.

Mas como pode, por exemplo, se manifestar a qualidade em uma livraria? A resposta é inevitavelmente empírica e em boa medida hipotética. Pode ser que a qualidade tenha de pertencer acima de tudo ao *lugar*. A livraria deverá se apresentar como um lugar em que se tem vontade de entrar, com a mesma naturalidade com que, na Londres do século XIX, alguns entravam em seus clubes ou pubs preferidos. Aqui, porém, não há a necessidade de conhecer os outros sócios ou fregueses. Os sócios serão determinados livros que se encontram nas mesas ou nas prateleiras. A livraria deveria ser o lugar onde, *em todo caso*, encontra-se algo que gostaríamos de ler. Que pode ser a novidade que acabou de sair ou a tradução de um texto cuneiforme.

Uma primeira condição para que isso aconteça é que em uma livraria também seja possível *sentar*. Bastam duas ou três cadeiras ou banquinhos e uma mesinha onde apoiar os livros. Ou, em casos mais fortunados, até mesmo uma poltrona ou um pequeno sofá. Sei que, aqui, se toca em um ponto sensível para qualquer livreiro, que luta continuamente para explorar ao máximo cada centímetro, aumentando assim o espaço expositivo de seus livros. Mas isso vai contra o próprio interesse da livraria. Se em uma livraria é possível ficar somente em pé, não se poderá realizar um gesto que nenhum revendedor eletrônico pode oferecer: folhear um livro, ler a orelha, deixar cair os olhos numa página casualmente, segurar o livro nas mãos e considerá-lo como um objeto, atraente ou repulsivo. Aqueles que folheiam um livro em pé geralmente têm um ar furtivo, logo se cansam, não compram e se tornam importunos para os outros clientes. Por isso, a possibilidade de se sentar deveria pertencer à correta fisiologia de uma livraria. E isso já a distinguiria.

Há ainda a questão da variedade, que se revela sobretudo nas prateleiras, sendo as mesas mais próximas ao caixa, normalmente, reservadas para as novidades. Se o livreiro tem uma noção do que significa a qualidade da escrita — e, se não tem essa noção, errou o ofício —, uma consequência imediata poderia ser a de isolar e colocar em evidência, com uma indicação bem desenhada, a primeira categoria dos livros que trata, com a nomenclatura *Autores* (mas poderia ser também *Escritores*). Os escritores, na maioria dos casos, se dedicam a vários gêneros: o romancista frequentemente também escreverá ensaios, panfletos, diários, reportagens, relatos de viagem, memórias. E todos esses títulos fazem parte de sua obra. As *Lições de literatura* de Nabokov deveriam estar ao lado de *Lolita*. Assim, o leitor daquele escritor poderia ter a oportunidade de ver reunido o que lhe interessa. Depois de quase dois séculos, o livreiro de hoje é um destinatário natural da célebre observação de Goethe, numa carta endereçada a Eckermann, de janeiro de 1827, segundo o qual o mundo estava entrando na idade da *Weltliteratur*, ou seja, da "literatura universal", em que o que contava não era mais o lugar de origem dos textos, mas seu destino: a literatura, sem outros acréscimos. A parede dos escritores poderia, por isso, ser chamada de *Weltliteratur*, mesmo se a palavra, como todos os termos compostos em alemão, provoca algum constrangimento. Melhor, então, a simples "literatura". Mas a dificuldade nasce justamente da palavra "literatura", que sofreu um progressivo ofuscamento nos primeiros anos do novo milênio. Literatura é algo que pode ter origem em qualquer ponto, mas que no final constitui um reino separado, ao qual se tem acesso por um limiar, perceptível somente quando é ultrapassado. E não são muitos os livros em que isso acontece, entre os muito numerosos que aparecem. E não muitos são os leitores que sabem distingui-los como tais. O livreiro ideal deveria ser um deles.

Não há dúvida de que se imporia desde logo a questão de quem admitir nessa área da literatura, separada daquela dos livros de passagem, que podem estar presentes por dois meses e depois desaparecerem. Exatamente nesse ponto, o livreiro deveria reconhecer a sua função de primeiro crítico. E a crítica, já na própria palavra, implica um *crivo*. Função paradoxal, porque baseada em um inevitável não conhecimento ou aproximativo ou sumário conhecimento do objeto. Mas aqui intervém também outra virtude indispensável para o livreiro: o faro, a capacidade de se orientar, que implica, sobretudo, a capacidade de dividir em categorias. Portanto, a primeira operação deveria ser a de estabelecer quem entra e quem não entra na categoria dos autores. Já escuto a voz de quem consideraria isso uma indevida prática discriminatória. Sem razão, porque com certeza não existe (por sorte) um cânone dos escritores, e cada livreiro irá decidir de acordo com seu arbítrio — e também ficando de olho nos índices de rotação — quais escritores escolher. Usando como principal critério sua *potencialidade de durar* nas inclinações dos clientes. E obviamente todos os escritores que não são incluídos encontrarão um lugar em outras partes da livraria, na narrativa, na crítica ou em outras categorias.

Permanece, contudo, uma outra, sutilmente angustiante, questão: como deverá se comportar o livreiro com os livros feios que, porém, vendem? Deverá ele desdenhosamente excluí-los? Ou deverá conceder-lhes um espaço de destaque, na esperança de aumentar suas receitas? Ambas as soluções deveriam ser evitadas. O livreiro, com cruel perícia, deveria tomar nota de quais desses livros são pedidos *na sua livraria*. E também dar uma olhada nos rankings, que no mundo tecnológico já se tornaram suficientemente confiáveis. Usando apenas esses dois critérios, poderia depois encontrar um espaço habilmente circunscrito onde hospedar, em pilhas adequadas, somente esses livros feios que vendem bem. De fato, em sua maioria os livros feios *aspiram* a ser vendidos, mas no fim não o são. E acabam por se tornarem um trambolho fatal, que desnaturaliza o caráter de uma livraria. Para o bom livreiro, o maior perigo é a lotação de suas mesas e prateleiras com títulos que não interessam nem a ele nem a seus clientes. O uso do espaço é coisa vital e decisiva em uma livraria, como em qualquer casa, em que um bom critério é não acolher nada que não se olhe com prazer.

Tudo isso pode parecer muito simples e óbvio, mas de fato nunca é aplicado. As livrarias costumam dividir seus espaços entre narrativa e crítica, com outras subdivisões — e nenhuma, que eu saiba, aceita o critério de introduzir entre as categorias a dos *Autores*, hospedando na medida do possível uma fração significativa de suas obras, narrativas ou críticas ou memorialísticas que sejam.

Entretanto, exatamente isso poderia ser um expediente muito útil para o próprio livreiro, que, dessa forma, teria a opção de escolher, totalmente a seu arbítrio, o que não pertence ao entulho que tende a se acumular em sua loja. E conseguiria se orientar mais facilmente entre os próprios livros.

Qual seria, por outro lado, a vantagem de tudo isso para o cliente? Saber com certeza aonde se dirigir para achar o que procura, de novo e de velho. E sentir-se em casa diante de uma parede de livros, que o acolhem com "olhares familiares". Ali poderá encontrar o título que até então ignorava de um autor que ama ou o de um autor que ignorava, mas que havia tempos o deixava curioso. E ali, na escolha dos autores presentes naquela parede, se verá uma primeira diferença entre uma livraria e outra. Ali será estabelecida, inclusive mais facilmente, uma relação de congenialidade e de afeição entre o cliente e cada livraria. Depois disso, o cliente poderá até passar para outras partes da livraria, divididas por setores, e se aproximar de livros sobre os quais ouviu falar nas várias mídias. Vejo, definitivamente, só vantagens para uma arrumação desse tipo, apesar de me dar conta de que se opõe aos inveterados hábitos da livraria.

Há depois a ideia, cada vez mais propagada, de que o livro sozinho *não basta*. Diz-se que precisaria associar a ele pelo menos um café ou algum outro serviço de cafeteria. E talvez um espaço de jogos para crianças. Lembro em Tóquio de uma grande livraria da cadeia Tsutaya. Ao entrar, não se tinha praticamente a sensação de se estar em uma livraria. Havia, sim, muitas prateleiras, relativamente baixas, mas também fotografias, de tipos diferentes, emolduradas nas paredes; vitrines de bijuteria; conjuntos de camisas para homem penduradas em cabides dispostos em alguns cantos; artigos de papelaria; cartazes de filmes; DVDs e discos de vinil; e, finalmente, um balcão que servia chá e mais algumas coisas, perto de um banco cumprido, em que estavam sentados vários clientes, quase todos muito jovens, e como não podia deixar de ser, grudados em seus *tablets*. Notável silêncio ao redor. E, certamente, alguém também devia passar pelo caixa, porque a livraria pertencia a uma cadeia dominante do país e se pode supor que era lucrativa. Por alguns minutos, pensei: é provável que assim serão as livrarias num futuro não muito distante. Depois disse a mim mesmo: não necessariamente. No entanto, num país como a Itália, uma solução desse tipo iria de encontro a não poucas complicações, pelo menos em relação a licenças e espaços, que deveriam ser muito amplos. Em segundo lugar (e essa é a questão): um leitor não necessariamente precisa dessas misturas de mercadorias. Os livros são seres autossuficientes, não requerem nada por perto — ou no máximo uma xícara de chá ou de café. E, para mim, é difícil achar coincidência que cada livraria que eu via ampliando a variedade de artigos para venda, ao mesmo tempo, tivesse uma queda na qualidade dos livros em oferta. O verdadeiro leitor não tem necessidade de muito: um pouco de gosto na decoração e na iluminação já são o suficiente. E também a possibilidade de passar um tempo confortável, dedicando-se àquela deliciosa atividade que os ingleses chamam de *browsing*. O importante é que ele possa encontrar os livros que procurava e descobrir os que não sabia estar procurando. E que isso aconteça num lugar certo, sem música de fundo (visto que, hoje, cada um pode escutar o que deseja com seus aparelhos, sem perturbar o próximo). Será assim possível reconhecer, hoje como ontem, a *boa livraria*. Se isso não for suficiente, quer dizer que o livro em si não é mais suficiente. E, se o livro não é mais suficiente, quer dizer que o mundo está virando mais uma feia página de sua história.

Nota

Como organizar uma biblioteca, texto publicado em edição não comercial, pela Adelphi, em dezembro de 2018.

Os anos das revistas, inédito.

Nascimento da resenha, "Corriere della Sera", publicado em 19 de julho de 2016.

Como organizar uma livraria, discurso pronunciado na Fondazione Cini (Veneza), em 25 de janeiro de 2019, na Scuola per Librai Umberto e Elisabetta Mauri; parcialmente publicado no *Corriere della Sera,* em 21 de janeiro de 2019.

Sobre o autor

Roberto Calasso nasceu em Florença, na Itália, em 1941. Considerado um dos maiores intelectuais contemporâneos, foi ensaísta e editor. Dele, a Companhia das Letras publicou *O ardor*, *A folie Baudelaire*, *A literatura e os deuses* e *O inominável atual*, entre outros. Morreu em 2021.

1ª EDIÇÃO [2023] 1 reimpressão

ESTA OBRA FOI COMPOSTA EM MINION PELO ESTÚDIO O.L.M./ FLAVIO PERALTA E IMPRESSA EM OFSETE PELA GEOGRÁFICA SOBRE PAPEL PÓLEN BOLD DA SUZANO S.A. PARA A EDITORA SCHWARCZ EM SETEMBRO DE 2024

A marca FSC® é a garantia de que a madeira utilizada na fabricação do papel deste livro provém de florestas que foram gerenciadas de maneira ambientalmente correta, socialmente justa e economicamente viável, além de outras fontes de origem controlada.